日本はテロを阻止できるか? 2

2020年東京オリンピック・パラリンピックはテロ対策のレガシーになるか?

GLOBAL ISSUES INSTITUTE 代表取締役　吉川　圭一

KSS 近代消防新書 014

近代消防社 刊

2020年東京オリンピック・パラリンピックはテロ対策のレガシーになるか？

目次

はじめに――2017年のインタビュー行脚

本書は前著『日本はテロを阻止できるか？』（近代消防社、2016年刊）の続編として、2017年初頭から秋に掛けて、東京2020オリンピック・パラリンピック競技大会（以下、東京2020大会）の警備関係者にインタビュー行脚を行った成果である。行脚の多くに同行してくださった近代消防社の三井英志社長、機微にわたるのでお名前を出すことは控えるが、インタビューのセットをしてくださった複数の有力な方々、そしてインタビューに応じてくださった方々、その他の全ての関係者に心より感謝するものである。

本書を通して読まれると、同じ関係のことをされている方々に、基本的に同じ質問をしていることから、繰り返しが多いように思われるかもしれない。しかし同時に、各々の人が各々の立場によって、少しずつ違うことを言っていることにも、気づかれるのではないかと思う。その〝違い〟の部分にこそ、これまでの著作でも私が問題にし続けて来た〝異なる組織間の協力の困難性〟の問題が潜んでいるのである。一つ一つの問題を、あえて指摘することは字数等の関係もあり難しい。本書を〝謎解きパズル〟本の一種として、楽しんで読んで頂ければ幸いである。

また都庁と東京オリンピック・パラリンピック競技大会組織委員会（以下、大会組織委員会）関係者のインタビューが掲載されていないことも、本書を巡る重大な〝謎〟と言えるかもしれない。その〝謎解き〟に取り組んで頂ければ、非常に大きな問題を、ご理解いただくことが可能かもしれない。

また本書は、風変わりな〝思索の旅行記〟としても、読んで頂けるかと思う。狭い渓谷を歩き続けたら大海に出たような感覚を得られるかもしれない。インタビューを重ねるうちに、私の視野も大きく広がった。

その大海のスケッチが、最後の「提言　２０２０年東京オリンピック・パラリンピックは、テロ対策のレガシーになるか？」である。日本政府そして多くの日本人に、実現して欲しい重要な提言である。

本書は、東京２０２０大会の競技場の警備が、大会組織委員会から依頼された民間警備会社に主として任されることから、公的機関だけではなく普通の民間企業に勤める人にも、いろいろご参考になる部分があると思う。そして前記のように〝謎解き〟本としても、〝思索の旅行記〟としても、楽しんで頂けると思う。それと同時に東京２０２０大会だけではなく、テロの渦巻く21世紀世界の中で生き抜くために必要な、日本人としての覚悟を学んで頂ければ幸いである。

東京２０２０大会まで3年未満の時点で、日本の公的機関のテロ対策の準備が、本当に十分なのか？　本書を読んで考えて頂きたい最も大きな問題である。それこそが前述した大きな謎解きと、重大な関係がある問題である。さらに日本人全体のテロ対策意識は十分と言えるのか？——という問題とも深く絡んで来る。それを考えテロの渦巻く21世紀を生き抜く日本人になって頂くために、本書が少しでも役立つなら著者として大きな喜びである。

インタビュー①

東京都足立区危機管理室長 川口 弘 氏

【インタビューの目的】

2017年2月27日、東京都足立区危機管理室長川口弘氏にインタビューを行った。足立区が他の東京23区に先駆けて東京2020オリンピック・パラリンピック競技大会（以下、東京2020大会）を睨んで、警視庁とテロ対策協定を結んだことに関し、その意義を伺うためであった。

川口 弘氏（右）と著者

【インタビューの内容】

1　なぜ足立区は、他に先んじて警視庁とテロ対策協定を結んだのか？

吉川　まず東京2020大会等を控えて、足立区が2017年1月26日に他の23区に対し率先して、警視庁とのテロ対策協力を始められたということで、なぜ他の区に先んじて、そういう協力関係を警視庁と結ぶことになったか？――その経緯を教えて頂ければと思います。

川口弘東京都足立区危機管理室長　自治体の防災や防犯に関しては、古くから取組はあるのですが、いわゆるテロ関係については、国民保護法制からの流れでの大規模テロ対象の避難対処等はあるのですが、それ以外はほとんど準備がありませんでした。一方、東京2020大会が決まって、当然市区町村レベルでも治安――特にテロ対策に対しても取組をする必要があります。これは多分他の市区町村でも共通項と思うのです。

なぜ足立区が早めに実施したかは、警視庁と防犯対策に関して覚書を2010年――約6年前に結んで、かなり連携を密に取り組んできました。そういった連携関係が元々あって、警視庁としても、東京2020大会に関してテロ対策をするには、警視庁だけでは出来ないと考えています。自治体との連携が必要だということがあって、警視庁側から足立区に対して、これまでのお付き合いもあるので、どうですかといった投げかけがあり、足立区としても、当然そういう時期だろうということで、そこは相互の問題意識がマッチしたので、約1年前の話ですが、双方で協力してテロ対策を進めていく必要性に同意して、では何が出来るかを様々検討して、早めにそういった協定を結ぼうということになったのです。

吉川　6年前の覚書というのは、大体どのような内容だったのでしょうか。

川口　内容は犯罪抑止のためですので、警視庁――警察署が区内には4署あるのですが、そこと情報を共有化して、どこで犯罪が多く起きているか、それはどういう犯罪で、どういう対策――例えば防犯カメラを足立区側が設置する予算を用意して、どこにつけたらいいかというアドバイスを、警視庁が行うというようなことがありました。

吉川　防犯カメラを設置する主体は、民間になったりするのでしょうか。

川口　民間のケースもありますし、民間であっても区が財政的な補助金等を投入して設置するもの、それから区が直接設置するカメラ、それから後から出てきますけれども災

警視庁と足立区のテロ及び災害対策事業の推進に関する覚書締結式（足立区提供）

害用のカメラ――この3種類があって、それを全て合わせると約6年で1、500台以上のカメラが区内で整備されているという状況になっています。

吉川　カメラの設置場所は、繁華街や大型ショッピング・センターなど、人が大勢行き交う場所でしょうか。

川口　手始めは、そうです。ところが犯罪というのは、人が大勢行き交う場所だけで起きているのではなくて、特に足立区は、住宅が多い所謂ベッドタウンです。いま目安として小学校の近くの通学路になるところに、住宅街の中でもカメラを付けるような動きも進めています。

吉川　6年前に、そのような覚書があって、その流れで1年ほど前からテロ対策に関しても、進められているわけですね。それでは先ほどの話だと、例えば国民保護法だと911のような大規模テロとかが想定されています。それに対して、仏国のパリやニースで起きたような事件などを踏まえて、今回は改めて対策を講じているという形でしょうか。

川口　最近のテロは、武器を使ったもの以外にも、例えばトラックが1台あれば出来てしまうわけですから、そういった街中でのテロに関しても、警視庁は相当問題意識が高くなっています。その対策のための連携をとる相手として、これまでの関係があるからやり易いであろうということで、警視庁側が足立区を選んだのだと思います。

吉川 近藤やよい区長が警視庁にお勤めだった経験があることも、影響があったのでしょうか。

川口 近藤区長が警視庁に勤めていたことの影響はあるかもしれませんが、特にテロに問題意識を強く持っていたということではないと思います。

そのことを私から聞いたことはないのですが、1年前に警視庁側から言ってきた時には、自治体がテロ対策を行う必要があるのか?——というような疑問を少し持っていたように見受けられました。だから自分が警察官だったから、テロに他の自治体の区長よりも先に行こうという態度ではなかったという印象は持っています。

吉川 近藤区長から積極的にということではなく、警視庁の方からの働きかけだったとしても、やはりテロ対策とは私も勉強をしてきて、特にオリンピック・パラリンピック等になってくると、警察の力だけではなくて、やはり自治体や民間が力を合わせなければ出来ないと思います。むしろ、そういうところが主体であると、考えなければいけないでしょう。東京2020大会の少なくとも競技場に関し

足立区内における警視庁のテロ対策訓練
（足立区提供）

ては、本来東京オリンピック・パラリンピック競技大会組織委員会が雇った民間の警備会社が警備の主体で、それを警察は応援することが建前です。

川口　自治体の長として、テロや犯罪から区民を守ろうという、近藤区長の意欲は間違いなく強いものとなっています。

ここは足立区の特性になるのですが、色々な調査を見ても、治安が悪いイメージが足立区には残っています。犯罪件数も6年前の水準は23区でワーストでした。2006年から4年連続でした。この事実に正面から立ち向うために、6年前の覚書を交わしたのです。

そういう意味で区民が脅威にさらされている度合いが、足立区は他よりも強い。そこで区長としては、警察との連携は非常に重要だという認識に至っています。

2　足立区の地域特性

吉川　足立区が23区の中で犯罪数が多かった原因は、何でしょうか。

川口　犯罪件数の中で一番多いのは自転車窃盗なのです。他の繁華街を抱えている区は、暴行や傷害が多いし、住宅地では侵入盗が多いですが、足立区は自転車窃盗が一番です。2番は万引きです。これらの犯罪も、1件は1件です。やはり人口が多く、自転車の保有台数もスーパー等の店舗も多いといったところが、その理由なのではと思っています。

吉川　あと区内の貧富の格差というか、結構な高級住宅に住んでいる方もいれば、昔ながらの貧しい住環境の方も住んでいます。そういうことが影響があるのではないですか。

川口　貧困と犯罪の関係性が強いかどうかというのは証明されていないのですが、そうしたイメージはあると思います。足立区内には都営住宅等の低所得者向け住宅が多く存在しますから、区全体の所得階層は低いことは事実です。しかし、それがイコール犯罪数と結びついているかどうかというのは、これは論証はされていないと思いますが、そのようにイメージをしている人は多いかもしれません。

吉川　少し話を戻しますが、今回の警視庁との覚書でテロ以外でも高齢者対策、少年犯罪対策そして空き家対策など――そういうことも入ってくるようですけれども、これなども今の話とは、やはりつながってくるのでしょうか。

川口　6年前に覚書を結んで犯罪抑止対策の優先度をあげて取り組みましたが、実は2015年からは、貧困の連鎖を

足立区役所庁舎

断つという政策も始めてます。治安と貧困と学力それに健康を加えたこの4つに関しては、相互に何等かの因果関係があるのだろうということで、足立区民全体の底上げを図りたいというのが、足立区長の強い意向なのです。

吉川　日本版、女性版のジュリアーニさんですね。元ニューヨーク市長のジュリアーニ氏は警察を強化してニューヨークの治安を回復したと思われていますが、実は社会的弱者対策にも非常にきめ細かく良いことをされて、有名な割れ窓理論も、割れ窓のある空き家のある近くは困っている人が住んでいるのだろう、そういう人たちの生活を向上させようという考え方の部分もあった。割れ窓があるあたりを直ぐ警察でやっつけるとか、そういうことではなかったようなのです。だから空き家対策などは、非常に近いのではないかと思うのですが。

川口　空き家は特殊詐欺のアジトになりえるとの警察からのアドバイスもあります。足立区が展開している治安対策の区民運動は「ビューティフル・ウィンドウズ」です。割れ窓をひっくり返して美しい窓に返していこうということでやっています。今おっしゃって頂いたことは、そのとおりだと思いますね。

吉川　空き家率というのは、どれくらいなのでしょうか。やはり高齢化などの関係で、段々と空き家も増えて、それが特殊詐欺等に利用されたり、少年犯罪のたまり場になったり、それこそテロのアジトになる可能性もあると思います。これに関しては警察との協力だけではなくて、区の方でも何か色々とやってらっしゃるのでしょうか。

川口 戸建ての老朽空き家は足立区が独自に調査をして、その持ち主に対して改善を求めるような動きは行っています。戸建ての空き家率は、約10万棟を調べて、区全体で2・4％というのが今の数字ですね。集合住宅の空室については、平成29年度に調査する予定です。

吉川 それは他の23区に比べると、多いのでしょうか。

川口 国だと比較にはならないかもしれませんが、国の空き家率は、平成25年は9・7％です。

吉川 国の場合は都市部以外に地方が入りますから、23区では普通ぐらいかもしれませんね。

川口 少なくとも周辺区の中では多分、同じようなレベルだと思います。

3　危機管理アドバイザーの問題

吉川 そういう空き家が犯罪のアジトに使われたりする心配も含めて、いよいよ今回警察と結ばれた協定の中の2つの柱のうちの1つである危機管理アドバイザーの問題に関して、ご説明頂けますでしょうか。

川口 これまでは暗い夜道は危ないとか、この路地は見通しが悪いといった、一般防犯的なアドバイスが中心でしたが、今回はテロに着目し、かつ住民というよりも事業者向けのテロ対策のアドバイザーということで、各警察署に1名ずつ配置されることになりました。警察官ＯＢを新たに配置して、警察署管内の事業者とのネットワークを活用してアプローチをし、事業所の中のテロに狙われやすいようなところを指摘したり、対策のアドバイスを行うことになっています。例えば出入りのチェックが甘くないかなど、主にセキュリティ関係が想定されています。

吉川　ショッピング・センター関係ならそうでしょう。あと町工場なんかで爆発物や毒物を取り扱ったところもあるでしょう。それを盗まれないようにとか。あと大型トラックを運行している会社が、それを盗まれてニースの事件みたいに使われたりとか。

川口　そうですね。一般的に大企業は、かなりのセキュリティ対策を施しているはずですが、足立区のような下町には中小企業、零細企業が沢山あり、セキュリティの水準は十分ではないかもしれません。そこでおっしゃったように町工場の中で使っている薬剤等の調査等も、これから検討しようという話になっています。

吉川　テロ対策アドバイザーは区内の4警察署に一人ずつ派遣されるということですね。

川口　はい。

吉川　ただ、これは警察ＯＢの方がなられるわけですね。むしろ警察ＯＢの方が川口さんの立場に来たりとか、逆に区の方が警察に行ったりとか、そのような人材の交流が色々な意味で効果的ではと思ったのですけれども。

川口　これから始まるところなので、まだそこまでの話しにはなっていませんが、従来から当危機管理室には、警視庁からの派遣職員が配属され、警察との全般的な調整役を担っています。危機管理課長がまさに、警視庁の警視なのです。

吉川　それなら現役の警察官の方が、警視庁本庁から足立区内の４つの署に来ても、良いのではないでしょうか。

川口　警察ＯＢを区内の４警察署に配置し、コントロールするのが警視庁警備第一課になるものと聞いています。

吉川　１回退職されたベテランの方のほうが経験も豊富で、場合によっては予算的にも働いてもらいやすいとか、そういう事情もあるのかもしれませんね。

川口　かもしれませんね。区との連携がないと意味がないというか、アドバイザーがここを改善したほうがいいとアドバイスをしました。では、ここに防犯カメラをつけようとかということになれば、区が財政援助しましょう。そういうセットの、まず皮切りになるのだと思います。

4　監視カメラの問題

吉川　いよいよ防犯カメラ、監視カメラの運用に関しては、私が一番伺いたいことなのですが。

川口　先ほど1、500台以上ありますというお話を差し上げたのですが、それはいわゆるリアル・タイムで見られない防犯カメラ――映像を記録しておいて捜査の時に映像を取り出して後から見るという防犯カメラが、1、500台以上の中の殆どなのです。今回画像を提供しようというのは、リアル・タイムで映像を見られる、いわゆる監視が出来るカメラです。我々は「監視」という言葉は一切使わず、定点カメラと言っています。その定点カメラのリアル・タイム画像を提供できるような仕組みと、それからルールを作って、手続きも済ませたところですので、実際に2017年秋以降、システムの改造に着手できる段階まで至っています。この災害用の定点カメラは、今年度で100台になりますが、そもそも災害用定点カメラであって、災害時に帰宅困難者が、どういう動きになっているのかを見るためのカメラなのです。国の都市安全確保推進事業という補助事業を活用して、国土交通省から事業費を3分の1頂きました。帰宅困難者が多く発生する想定の北千住駅や綾瀬駅といった大きな駅に、まず30台ほど整備したのです。カメラの性能については、360度の回転とズームも可能なので、今の状況をリアル・タイムで把握することができます。

インタビュー①
東京都足立区危機管理室長 川口 弘 氏

吉川 いつ頃から設置し始められたのですか。

川口 3年前からですね。

吉川 基本的に区のものなのでしょうか。

川口 区のものです。

吉川 予算は部分的に国土交通省からもらってですね。

川口 3分の1ですね。北千住と綾瀬にカメラ30台、デジタル・サイネージ11台、備蓄倉庫等を整備して全部で4・5億円ほどの経費となり、その内の3億円は区の税金を投入しました。その後、定点カメラについては国の補助対象にならないが、有効性が高いことから区の経費で70台の追加を進めてきたのです。これは非常に効果的だろうと想定されるので、他の駅がないところにも、ある程度は要所要所にですね。

吉川 例えば、どういう理由で、どの駅に設置などと、決められているのでしょうか。

川口 足立区には荒川があります。都県境もある。向こうは埼玉県。それを結ぶ橋は、やはり人の流れや交通の状況を把握したいので設置しました。それから環状7号線や国道4号線などの幹線道路が中心。あとは人が溜まりやすいようなところや、分岐点に設置しているところで、元々は純粋に災害時に使おうということだけを考えていました。

吉川　国土交通省の出先事務所は、全国にあるはずですよね。

川口　はい。国道事務所があります。

吉川　23区に一個ずつあるのでしょうか？

川口　いや、そんなにたくさんはないと思いますね。出張所が23区に4か所くらいしかないと思います。

吉川　米国の緊急事態管理庁は、自治体ごとに一つの事務所を持っています。日本で、それに近い国の事務所があるとしたら、国土交通省の事務所しかありません。しかし国土交通省の事務所は、基本的には道路の復旧などが仕事で、人命救助のために消防や警察を動かしたりすることに関与しません。出来るだけ税金をこれ以上使わないで、かつ効果的に国民の生命、財産を守ることを考えると、国土交通省の事務所が、国土交通省の下にあるのがいいのどうか。そういう色々な問題はあると思うのです。このカメラの運用に関しては、予算をもらっている関係もあり、国土交通省の事務所も、多少関係しているのでは。

川口　いや、非常時も災害時も、運用は区が行います。国は主に初期投資を支援して整備を促す立場です。また追加分の70台は、１００％区側の予算で設置していますから、おっしゃるような意味では国の関与はないのです。

国の出先との連携としては、荒川は国土交通省の管理なので、河川カメラがいくつかあります。それは公開されていて、我々もインターネットで閲覧可能ですし、増水しているといった情報は、我々もとるような監視システムがあります。そういった川があるような区では、河川事務所も近くにあって連携しています。地理的に近ければ、国道事務所より河川事務所の方が、連携が強い場合もあります。

吉川 河川事務所は、どこにあるのでしょうか？

川口 荒川下流河川事務所が、北区にあります。管轄は下流域30kmです。

吉川 少し範囲が広すぎて、ピンポイントでの観測が難しい場合もあるのではないでしょうか。いずれにしても足立区内をリアル・タイムで見られるカメラというのは、区が持っている、もうすぐ100台になる〝定点カメラ〟なわけですね。

川口 はい。

吉川 今回の覚書で何かが起きた時には、その映像を警視庁や東京消防庁など、4警察署と限らず、警視庁本庁等に伝え

足立区危機管理センター

るのでしょうか。

川口　4警察署と警視庁本部ですね。それから消防署は3つあって合計8か所です。

吉川　東京消防庁本庁には、いかないわけですね。

川口　東京消防庁に問い合わせをしたのですが、東京消防庁は被害者を搬送したり避難をする上での情報が必要なだけであり、3消防署が対応するという位置付けで十分とのことでした。

吉川　警察と消防というのは、別に仲が悪くはないのでしょうけれども、あまりにも組織が違います。

川口　任務や活動体制が、異なるということでしょう。

吉川　秋葉原通り魔事件の時、警察の証拠保全の活動のために被害者の搬送が遅れたとか、色々な問題があったという取材もしたこともあります。それはともかく、これは何かテロとか地震とかがあった時以外は、データはとらないというわけですね。

川口　そうですね。我々側が画像情報をこう出す、見せる見せない、そこのスイッチは持っています。事案が発生して見せてくれというオーダーが来た時に、我々が判断してOKして、はじめて映るようになることです。ウチのシステムから許すようにしていますので、警察・消防が勝手には見ることはできないということです。

吉川 米国のワシントンDCやニューヨーク市の危機管理センターも取材に行ったのですが、やはり米国はプライバシー意識が発達していますから、いわゆる第三者機関というか、何事もなかった時も住民の様子を見られていないかをチェックされています。そういうことは足立区では行われているのでしょうか。

川口 区の場合は個人情報保護審議会という学識経験者を含めて議員や住民も入った組織が、カメラの運用を始める前に、これを実施することについてのチェックを行いました。

吉川 3年前にですか。

川口 そうですね。基本的には、これがいわば最大のチェックで、実務に入った後に、その方々が視察するとかいったことは、行われていないというのが状況ですね。

吉川 今後、チェックは考えられるのでしょうか。

川口 そうなるのかもしれません。今回、警察・消防への外部提供についての個人情報保護審議会の了承を頂いたのが2016年の11月です。その時にも、やはり審議会の委員の皆さんからは、監視を懸念する声も出ましたので、そういったことは普段は少なくとも外には出しませんとは、お答えしています。その雰囲気からすると、将来、仕組みがきちんと運用されているのかという声がでて、視察においでになることは今後ありえるとは思います。

吉川　これが最も問題意識を持っているのですけれども、結局民間を含めれば足立区だけで、1、500台以上の監視カメラがあるわけですよね。

川口　リアル・タイムで見られるカメラは、この定点カメラ100台と、高いビルに設置しているライブ・カメラが数台あります。それだけで後は全て捜査のために、後から記録を取り出します。これは毎回捜査関係事項照会書を貰って行っています。そこは従来どおりの制度です。

吉川　今後予算をつけて、リアル・タイムで見られるようにするか、あるいは事後照会も出来るだけ速やかに出来るように、民間の持っているカメラと繋げるようなことは考えられるのでしょうか。

川口　まだ、そこまでは検討もしていませんが、ネットワーク・カメラは、やはりコストがかかりすぎます。コストのことで言うと、こちらのネットワーク・カメラは、定点カメラ1台に200万円くらいのコストになってしまいます。普通の防犯カメラですと30万円くらいです。しかし今後は、どんどん安くなるでしょう。それからネットワークの品質だとかセキュリティのレベルだとか、そういった環境が整ってくれれば、当然リアル・タイムの方が危機管理の面からすれば有利であり、普及も進むことでしょう。

吉川　それとプライバシーとか人権問題もクリアしなければいけないし、それ以前に予算的な問題とか技術的な問題もクリアしなければいけない。ただ、やはり東京2020大会までには、間に合わせなければいけないでしょう。

川口 東京都も当然セキュリティを、どう上げるかということを検討しているはずです。その中でカメラというのは、相当主力になると思うのです。その時にカメラ・システムに対して、どれくらいのセキュリティのレベルが要求されるのかとか、そういったものの標準的なものが、この先出てくるのかに興味を持っています。足立区は先に走っていますけれども、そういったものを、どこの自治体でもやるような世界になってくれば、いわゆる標準化が行われ、課題解決への道も開けると考えられます。

吉川 国とか都、23区が一体になってやらなくてはいけないことなのではと、私は思うのですが。

川口 私も、そう思います。

吉川 そういう画像を警察が見られるだけではなくて、消防も、場合によっては海上保安庁も見られれば、自治体も住民のことを考えて見られる。逆に例えば警察が設置をして、警察が管理している定点カメラというか監視カメラというか、そういうものが利用できれば…。

川口 それは話にのぼったこともないです。無理だろうということが一番でしょうけれども。警察のネットワーク・カメラは多分たくさんあるのでしょうが、その存在も我々には伝わって来ません。Nシステムの存在は、世間に知られていますが。ではNシステム用のカメラの映像を共有するというのは、今のところ想定できません。技術的には出来るかもしれないとしても。社会的な理解とか合意とかのハードルは、相当高いのではないでしょうか。

5　自治体間の協力の問題

吉川　それを東京2020大会までの間に、もう本当に警察、消防、場合によっては海上保安庁、場合によっては自衛隊もちろん自治体——そういうところが皆一か所で監視カメラの映像を見られるような場所というのは、やはり作らなければいけないのではと私は思うのですが。

川口　日本の防災体制のコンセプトは、自治体防災です。地震が起こった時に対処する中心は、区なのです。今のところ勿論テロは国が事態認定をすれば、それは国民保護制度により動くのですが、その事態認定までのタイム・ラグが当然あります。そこを埋めるのは区役所の災害対策本部を立ち上げて運用するほかありません。国の機関を含めて全体を動かすのは、私たち市区町村ということです。そこに今、テロの専門家が1人もいないという状況の中では、なかなかうまく対処できるとは思えないというか、自信がないといえますね。

吉川　ニューヨークやワシントンDCでも、警察や消防、自治体、インフラ事業者などが集まる場所があって、定点カメラもそこで見られるし、何か起きたら国に緊急事態を認定してもらって、軍も来てもらうという時には、もうすぐに動けるようになっています。米国の場合、ニューヨーク市が直接連邦政府にお願いすることは出来ないので、ニューヨーク州を通さないといけないのですが。

川口 やはりそうなのですか。

吉川 そういう段階を形として踏むわけですけれども、それが通った時には直ぐに軍が動いているとか、連邦政府からの要請を受けて、例えばニューヨーク市で何かが起こったとしても、ニュージャージーからの消防車は直ぐ近くまで来ている、とか。そういうシステムは出来ているのです。同じような仕組みが、東京2020大会までに出来るのか。

川口 例えば東京2020大会向けに、今おっしゃったような体制をつくりますという情報はありません。足立区内には東京2020大会の競技場は1つもないのですが、ソフト・ターゲットも想定されるので、その備えを進める必要があります。

吉川 今までの例からすると、東京2020大会が開催されている時に競技場が狙われるというより、東京周辺のショッピング・モール等が狙われたりする可能性が大きいと思うのですが。

川口 警察からも、そのようにお話しを頂いておりますので、そういう意味では油断できないです。都内ですしね。狙う側からすれば、そういったことも一つのモチベーションにもなると、知識としては頂いているのです。ただその事態認定を国がやるという、それがどのように運用されるかといった実用訓練もありません。図上訓練はやりますけれど。

吉川　図上訓練は、やってらっしゃる。

川口　小規模なものですが図上訓練で、発災から初動、国の事態認定を受けるフェーズまで行いました。

情報収集指令室長である私に対して、北千住の駅で多数の負傷者が発生という状況付与があり、色々とシチュエーションを、たくさん入れられて、どう指揮するかと連絡員の対応を行いました。その時に改めて分かるのですよ。さっき言ったように、事態認定までのタイム・ラグを、どう乗り切るかというのは、われわれ市区町村しかいないのだということを思い知ったのです。

そういったところは、他の区でどのくらいやっているか。情報はないのですけれども、あと東京2020大会まで、3年しかありません。

吉川　そうすると他の区がどれくらい進められるかとか、他の区とどう協力出来るかとかいうことも、まだ具体的にはなっていないのですね。

川口　複数自治体の合同訓練については、震災訓練での連携訓練はある程度やっていますが、テロ対処は聞いたことがありません。警視庁主導による、警視庁と各区との共同の訓練は、場合によってはあるようですが。

吉川 そうすると将来的に複数の区をまたがってやることがあるとしたら、やはり警視庁や東京都庁が入ってくれないと、上手くいかないのですね。

川口 それぞれの区の本部が立ち上がって、その調整役をやるなら、やはり東京都の総合防災部がやるほかありませんし、無線通信関係も、全部東京都庁とのネットワークが軸になっています。仕切り役は東京都庁であり、訓練企画もやるべきだと思うのです。

吉川 とにかく、あと3年の間に大急ぎで何とかしないと…。

川口 やらないといけないと各区担当者は思っていると思うのですよね。

6　ネット上の監視とコミュニティの再生

吉川 お忙しいと思うので、そろそろ最後の質問となると思うのですが、これは足立区の方に伺っていても無理な質問かなと思うのですが、私やはり今テロだけではなくてですね、2016年の夏に相模原市の障害者支援施設「やまゆり園」で起こったような事件を起こす人や、最近テロも国際組織が直接関わっているというよりは、インターネットで見て影響された人が個人として実行する。トラックを使ってどうテロを引き起こすか、爆弾をどうやって作るのかなど——そういうのもネットで調べて実行する。国際テロの影響を受けなくても、相模原市の事件の犯人のような人達は、必ずインターネットで色々なことを検索したりとか、自分のブログやツイッター、フェイスブックなどで色々なことを書いたり、もし複数の人でやるとしたら、メールのやり取りをしたりとか。米国政府は、そのような点を一番押さえたいと考えていて、例のIS（イスラム国）関連の7か国からの入国禁止というのも、実を言うとフェイスブックやツイッターのパスワードを教えれば、入っていいよみたいな話になっているようなのです。もうすでに実を言うと米国に入る時は、もしよければ任意で教えてくださいと言われるのです。

川口　そうなのですか。

吉川　ええ。このような考えはいかがでしょうか。これからの足立区や東京都では。

川口　テロの未然防止というのは、もちろん一番理想なわけですから、そのための備えとして、今おっしゃったようなネット情報を活用できるのであれば、それは守る側からすれば、かなりの効果が期待できます。しかし、やはり勝手に見ていいのかといったところが、どうしても最後はひっかかります。いま議論になっている、いわゆる共謀罪——テロ等準備罪であるとか、犯罪歴者が企てるといったところが未然に察知できれば、本当にいいのだろうと思います。やはり問題は社会的合意を、どこでとるかといったところだと思います。

吉川 考えようによっては、警察よりも自治体のほうが、一般の人が抵抗なく、自分のパスワードを教えたりしてくれそうな気もします。それはテロだけではなくて、ストーカー事件の防止とか。今日の話から外れますけれども、ストーカーやDV問題の相談は、警察以外に区でも行っているのでしょうか。

最近のストーカー事件とか、DVから逃れて住民票を置いたまま動き回る方の問題ですとか、そういう方に関する話を聞いていると、警察だけでは対処ができなくなって来て、区のそういう組織体制か何かが必要ではと思います。例えばシェルターですね。

川口 そういったものを紹介する担当部署があります。

吉川 例えば警察が今の段階ではストーカー防止法の警告もできないけれども、足立区が寮等のシェルターを紹介してくれるとか。

事件直後の「やまゆり園」

川口　それは区の福祉事務所が行っています。

吉川　そこら辺の連携を、今後どうとっていくのか。国際テロも含めて、原因は政治、宗教、貧富の差だけではなくて、もっと根本的に現代社会の心の不安の問題であるのかなと思うので、それに対して応えて行くのは、実動部隊としては警察や消防とかは勿論ですけれども、究極的には自治体なのかなと思います。

川口　そうですね。生活相談とか法律相談の窓口は勿論ありますし、「逃げてきました、行くところありません」となれば福祉事務所は、いわゆるシェルターを紹介、同行することがあり、同時に警察に通報して連携します。

吉川　少年の居場所つくりとかも、やっていらっしゃるのですね。

川口　一度罪を犯してしまった少年や、あるいは非行少年の居場所等が、なかなかないので、警察の少年係との連携を始めました。区の施設の一部を、時間を限って利用してもらっています。

吉川　最後はコミュニティ作りが重要ですよね。足立区に外国籍の人って、どれくらい住んでいるのでしょう。それこそイスラム系の方とか。

川口　米国が入国制限しようとしているＩＳ（イスラム国）関連の7か国を全部足して、44人とのことです。それと足立区は、非常に在日韓国・朝鮮人の方が多く暮らしておられますから、彼らのコミュニティも存在していると思います。

吉川 やはりそういう方々の日常的な生活相談に乗りながら、色々な情報を聞いていくことから、意外なテロ情報が出て来るかもしれません。

川口 なるほど。しかし新たな入国者のコミュニティのようなものは、把握していないと思います。おっしゃるような対応は、今のところ考えられません。

吉川 そういう新規入国の外国人の生活相談に乗ってあげる代わりに、フェイスブックなどのID、パスワードを教えてくださいというように、警察が行うよりも自治体が行うほうが、色々な意味で、先ほど言ったプライバシー監査委員会みたいなものがきちっとしていれば、抵抗が少ないように思うのですが。

川口 警察行政の守備範囲に比べれば、基礎自治体の守備範囲というのは、教育から福祉、まちづくり等非常に広いので、そうした総合的な対応を行うとすれば、区の役割とすべきかもしれませんね。

吉川 これから、そういう総合的な話にはなって来るのでしょうか。

川口 制度が確立されれば、そうなっていくでしょうね。

吉川 先ほど申し上げたように国際テロだけではなくて、２０１６年の相模原市の事件のようなことを考えると、やはり自治体が一番関係しているのかと思うのです。

川口　もちろん身近にいるという理念の元に仕事をし、政策を作っています。

吉川　カウンセラーの紹介とかも。

川口　そういうのも時代の要請としては出てくるので、そういった組織と事業を作っていかなければいけないですね。

吉川　長い目で考える必要があるとは思うのですが、やはり人間というのは締め切りがないとなかなか形に出来ないので、東京２０２０大会までのあと3年の間にやりましょうという形で頑張るのが、締め切り効果でいいのではないかと思います。

川口　今回単にテロだけではなく、他の行政領域にも広げた形の協力体制を作っていきましょうとなったのは、3年半ぐらいのスパンというのは、区として取り組むには遠い将来の話ではない。すぐに現実感を持って政策をまとめ、進めなければならない感覚です。そういう意味で締め切りが必要というのは、そのとおりだと思います。これを出来るものからスタートさせますけれども。やっていくことは、まだまだたくさんあるな——という実感です。

吉川　ではちょうど締め切りというか1時間経ちました。どうもありがとうございました。

【インタビューのまとめ】

以上のインタビューから次のことが読み取れる。

(1) 足立区は、2010年に警視庁との間で防犯に関する覚書を交わした関係上、今度は警視庁からの呼びかけによりテロ対策の覚書も結んだ。テロ対策は警察等だけではなく自治体も積極的に協力しなければ出来ないものであり、また足立区は他の23区に比べると犯罪発生数が多いという問題もあった。

(2) 足立区の治安悪化の原因は、貧困率の高さや、高齢化による空き家の増加等が考えられる。そこで足立区は、単なる警察力の増強だけではなく、貧困の連鎖を断つような社会政策や、空き家の調査等にも力を入れている。

(3) 警視庁との覚書により足立区では、警視庁OBの危機管理アドバイザーが、足立区内の4つの警察署に配置され、ショッピング・センター等での人の出入りのセキュリティや、町工場等での爆発物やトラック等が、テロの手段として盗まれたりしないよう、アドバイスを行うことになった。そして例えば防犯カメラが必要なら、それを設置するための予算を区から補助するような形で、警察と区の協力が進んでいる。

(4) 足立区内には区直営または補助制度を活用した防犯カメラが1、500台になるが、そのうち防災用に国土交通省からの補助金等で設置した１００台だけがライブで見られるカメラであり、その画像を足立区の判断で警察等と共有できることにした。しかし残り1、４００台をライブ化して区役所や警察と画像を共有するには、プライバシー問題や予算問題等、クリアしなければならない問題も多い。また国土交通省の地域事務所との関係も、地理的な問題その他により密接とは言えず、警察の運用する監視カメラの映像を、逆に足立区が見せてもらう様なことは構想もない。

(5) 足立区では小規模な図上でのテロ対策訓練等は行ったが、国や東京都あるいは他の市区町村との合同訓練のようなものは行われていない。そのような協力関係を結ぶ予定も、今の段階では未定である。テロ等が起こった時に住民を保護するのは、基礎自治体の役目であるにも関わらず、国や都も、今のところ基礎自治体との協力等に積極的ではない。

(6) 米国等で問題になっているネット上でのテロ情報管理のためのＳＮＳ等のＩＤやパスワードの提出等も、在留外国人や生活困窮者の相談に乗ることも多い基礎自治体の方が、やり易いかもしれない。そうして発見されたテロリスト予備軍的な人々に、心理カウンセラーを派遣したりしてテロを断念させたりすることも、基礎自治体の今後の課題かもしれない。

（注：以上のインタビューを通じて私は、個々の関係者の献身的な努力に心から感謝するとともに、しかし監視カメラの共同運用の問題にしても国、都、区の連携の問題にしても、余りにも結果として今の段階では不備が多いことに残念な思いを禁じ得ない。３年後の東京２０２０大会までの間に、それらの改善が、どれくらい進むのだろうか？　しかし人々の生命、財産を守る主体は、一次的には自治体なのである。その自治体の幅広い活動が、コミュニティの再建を通じて、あるいはネット上の情報の監視を通じて、テロを事前に察知し抑止できれば、それが最も理想的である。それらの全てを含めて、３年後の東京２０２０大会までに十分な対応体制が出来上がっているようにするために、これからも私も微力を尽くして行きたいと考えている。）

インタビュー②

警視庁オリンピック・パラリンピック競技大会総合対策本部副本部長 堀内 尚 氏

【インタビューの目的】

2017年7月14日、警視庁オリンピック・パラリンピック競技大会総合対策本部副本部長の堀内尚氏のお話を伺った。東京2020オリンピック・パラリンピック競技大会（以下、東京2020大会）の警備、テロ対策に関する準備の現状に関して知見を得て、その今後に関して考えるヒントを得るためであった。

【インタビューの内容】

1　自治体との協力

吉川　お忙しい中、ありがとうございます。まず私の問題意識は、

堀内 尚氏（右）と著者

色々な組織間の協力が一つのポイントですので、まず市区町村との協力関係が、どのようになっているのかを伺えればと思います。

堀内尚 私共の各警察署がございますけれども、警察署と常日頃から地元の地方自治体は色々連携させて頂いています。東京２０２０大会に向けても、より連携を密にということで協議会といった場を設け、互いの役割を認識して取り組んでいきましょうということで進めています。

吉川 特別な協定があるのは今のところ足立区だけなのですよね。

堀内 足立区とは協定を結んで行っています。

吉川 近藤やよい足立区長が昔、警察にいらっしゃいましたし。

堀内 協定の有無は別として、どことでも連携は密にはしていると思います。

吉川 今のところ足立区以外は、国立市や立川市などで、市内の業界団体と連携があります。足立区の場合には各警察署に、警視庁ＯＢの方が区との連携係のような形で行って、地元の例えば町工場から、爆発物が取られないように事前にセキュリティのアドバイスしたりですとか、もともと防災用に足立区が国土交通省から予算を頂いて購入・設置したカメラからの映像も、警視庁に提供されるという仕組みが出来ているようですけれども。このような仕組みは、これからも広げられていくお考えでしょうか。

堀内　書類を締結するかどうかいうのは分かりませんが、いずれにしても地方公共団体との連携は、東京２０２０大会に向けて、今まで以上に密にしていかなければいけないということは間違いないと思います。

２　消防との協力

吉川　次に東京消防庁との協力は、どのように進められているのでしょうか。
堀内　例えば選手村周辺等に消防の施設も移転する計画もあると伺っています。東京２０２０大会に向けて庁舎の場所も含めて、良く連携していきましょうということで進めています。色々な国レベルの会議でも、東京２０２０大会に向けて関係機関が集まる会議というのは、結構開かれているのですが、そういった場合にも消防関係の方がお隣に座られてやっています。
吉川　２０１７年４月くらいにデパートで爆発事件があった時を想定した合同訓練もされたのでは。
堀内　各署でも結構色々な機関と様々な訓練を実施しています。
吉川　どちらかというと各署レベルの訓練が多いのでしょうか。
堀内　先日も警視庁全体で、かなり大規模な訓練を江戸川河川敷で行いましたが、その際も東京消防庁の車両も来て頂いて、我々の警備部の部隊と消防の部隊等と、実際の連携みたいなものも含めて訓練を実施しました。これは本部レベルで結構指導して実施したので、そういう意味で各署のみならずということだと思います。

吉川 特にNBCR（核（Nuclear）・生物（Biological）・化学（Chemical）・放射性物質（Radiological）の略）テロ対策に関してはどうなのでしょう。東京消防庁との連携については。

堀内 東京消防庁との連携もあるのでしょうけれども、我々自らも、まだまだ色々な資機材面も含めて足りないことがありますので、資機材面あるいは、そういった事案があったときに対応できる職員の育成に、力を入れています。

吉川 NBCRテロ対策について、差し障りのない範囲で、どこら辺が足りないのでしょうか。

堀内 具体的な機材の名前というのは控えさせて頂きますが、我々も諸外国に習って、もっともっと充実させていく必要はあるなという意識はあります。

警視庁本庁

3　自衛隊や海上保安庁との協力

吉川　では、そのＮＢＣＲも含めて、自衛隊や海上保安庁との協力関係は、どのようになっているのでしょうか。

堀内　ＮＢＣＲテロとの関係ということですか。

吉川　まあ、他も。広く。

堀内　例えば爆発物を爆発させる実験を自衛隊の施設をお借りして、実施させていただくこともございます。それから海上保安庁との関係では、正に東京２０２０大会の競技場が、かなり海に面しているところが多いですから、上手く連携する必要があります。

吉川　東京マラソンの警備を通じて、ある程度の協力関係は出来ているのではないですか。

堀内　オリンピック・パラリンピックは、規模がマラソンの比ではないのです。しっかり関係機関と連携していくことは大事だなと思っています。

吉川　そうすると自衛隊や海上保安庁との合同訓練は、行われているのでしょうか。

堀内　海上保安庁との合同訓練は、実施しています。自衛隊とも実施しているのではないかと思います。

吉川　これから視野に入ってくるのでしょうか。

堀内　例えば国民保護法等に関しては、従前から図上訓練等で自衛隊とも一緒になって実施しています。そういった繋がりも生かしながら、合同訓練を実施していくことはあると思います。

吉川　東京2020大会の時に、ものすごく大きな事案が起こってしまった――と言う場合は、国民保護法等に関しての以前からの訓練等を応用して対処していくような形になるのでしょうか。

堀内　まずは治安責任を第一次的に担います。警察は、その役割をしっかりやらなければなりません。それで足らざるところは、関係機関の協力も得るのは、想定されるのかなと思います。

吉川　特にNBCRテロの問題等は、これからの課題ということになるのでしょうか。

堀内　そうですね。おっしゃるように昨今のテロ情勢は、かなりシビアになっています。3年後に、どういった情勢かは、分からないと思います。そういう意味では、色々な事態に対応できるようにしておかなければいけないと思います。

4　法務省や外務省との協力

吉川　例えば法務省入国管理局との連携。どういう人が入ってきたとか――そのような情報交換は、いかがなのでしょうか。

堀内　今でも、かなり入国管理局とは、特に水際対策ですけれども、色々と連携させて頂いていますし、そういった関係は、やはり3年後に向けても、より密になっていくと思います。

吉川 差し障りのない範囲内で具体的には、どのような感じなのですか。

堀内 入国管理局のエリアでチェックをすり抜けた人が、国内に逃げてしまったみたいな事件は、今でも時折起きていますけれども、その辺の現場レベルの連携というのは、しっかりとできているとは思います。

吉川 それは空港内だけではなくて？

堀内 空港内だけではなくてというのは、例えば。

吉川 例えば米国政府から注意を受けている人が来ましたよ、とか。

堀内 インテリジェンス・レベルという意味ですか。

吉川 はい。

堀内 インテリジェンス・レベルでは、色々なことがあり得て、外国機関からの色々な情報については、警察庁を通じて、東京都内関係のものであれば我々の方に連絡が来、他県の話は他県警ということだと思います。その点は警察庁の仕切りのもとで、全国警察を挙げて失敗しない対応ということになっていると思います。

吉川 そうするとインテリジェンス関係に関しては、外務省に国際テロ情報収集集約ユニットというのがあって、警察の方も出向しているはずですけれども、そことの連携も、どちらかというと警察庁が、やはり間に入っている形なのでしょうか。

堀内 もちろん警察庁に、まず行ってということだと思います。

5 民間事業者との協力

吉川 ここからが私の問題意識により深く入っていくのですが、特にオリンピック・パラリンピックとなると、2016年のG7伊勢志摩サミットでもそうでしたけれども、やはり民間との協力——例えばソフト・ターゲットであるショッピング・センター、ホテル、鉄道事業者、空港。そういうところを守るということが、非常に重要になってくると思うのですが、どのように取り組まれているのでしょうか。

堀内 色々な切り口はあると思いますけれども、例えば爆発物取扱業者さんには、様々な機会にお願いをしています。

吉川 それは伊勢志摩サミットの時も、そうされましたし。

堀内 あるいは最近では、誰でも買えるような花火を大量に買ってきて、火薬を集めて自家製爆発物を作っていくことが、比較的簡単に出来てしまうのですけれども、管理者対策の範囲も従来以上に広げて取り組んでいます。

吉川　あとは普通に農薬とか化学的物質を混ぜているだけでも出来ますから。

堀内　そういった危険物を取り扱われている方々への管理者対策というのは、実施していると思います。

6　カメラを巡る諸問題

堀内　あとは切り口を変えると、特に最近では防犯カメラの設置があります。やはり今の時代、なかなか人にあたって「こういう方を見ましたか」という地べたを這うような捜査が難しくなっていいます。客観的なカメラ映像というのは、かなり有力な証拠になるということでありますし、迅速に事件解決するには、やはり防犯カメラ映像は重要です。

吉川　ただ日本の場合は民間が設置して、そのハード・ディスクの中にあるデータを、事が起こったら警察の方がもらって歩いているような形ですよね。

堀内　おっしゃるとおりで、色々な自治体の方が主体で設置されているもの、商店街なり色々な事業者が設置されているものもあります。また付けることで犯罪が抑止される効果もありますので、防犯カメラの設置を働きかけて、何かあった時に画像をご提供いただくようなことは、継続していく必要があると思います。

吉川　事が起きたらではなくて、事前防止ということを考えると、いま足立区の防災用定点カメラがそうであるように、出来るだけネットでつないでリアル・タイムで見られるようにしたほうが、良いのではと思うのですが。

堀内　確か足立区も、リアル・タイムで何もない時も当方に画像が来ているという状態では、ないと思います。

吉川　今は、そうではないと思いますね。

堀内　至る所にカメラがあって、四六時中当局の方に集約されて見られているみたいなものは、なかなか一般国民の皆さんには、抵抗があるということだと思います。

吉川　９１１事件があったからなのでしょうけれども、米国のワシントンＤＣもニューヨークも、それを実施していて、ただプライバシーを守るための第三者機関が、勝手に監視をしていないかどうかを調べるような形になっていますけれども。

堀内　申し上げたように防犯カメラというのは、非常に有効なツールではある一方で、やはり映される側に立ちますと、センシティブな面もありますから、そこは我々としても、絶対にそういうのが必要なのだと安易に進めてはいけないという考えがあります。そういう意味では民間の方が設置するカメラであれば、当局によるものではありませんから、国民の理解も得やすいという面もあります。

吉川　必要となった時に当局とつなげることが出来るように――ということはどうなのでしょうか。

堀内　今でも何かあった時に「お宅のカメラに映っているはずです、ご提供お願いいたします」と、正に足で訪問をしてお願いをして映像を頂いてくるという形です。なかなか何もないときから映像が流れるような形態というのは、難しいと思うのです。

東京メトロとは、何かあった時には迅速に映像をご提供頂けるような枠組みで、ご協力頂けるような仕組みが出来つつあります。東京メトロ以外にも、確か、ゆりかもめとか、大会とも直結するような事業者も、ご協力頂ける話もございます。それは常時警察にということではなく、何かあった時に速やかに提供頂けるような形で、ご理解を得られている事業者との間では、そういった協力も広げていっているということであります。

東京メトロのホームにあるカメラ

7　センサーを巡る諸問題

吉川　それはカメラだけなのでしょうか。米国のワシントンＤＣの地下鉄は、日本の地下鉄サリン事件と９１１事件の後、防犯カメラだけではなく、こういうガスが使われたのではないかとか分かるセンサーも設置してあり、情報が得られるようになっています。

堀内　センサーの情報が、当局に行くのですか。

吉川　まず地下鉄側がデータを取って、必要になれば当局とすぐ繋がるようなセンサーです。ニューヨークは９１１事件があったせいなのか、ニューヨーク市が管理している水道管やガス管などに、センサーが通っていて、ニューヨーク市のどこで何か起きたかとか、全部グーグル・マップの技術を使って、市の危機管理センターで全部分かるようになっています。

堀内　将来的には、お手本になる部分もあるかもしれませんが、現時点では私の知る限り、日本ではそこまではいっていません。

吉川　そうすると日本は、地下鉄サリン事件などもありましたけれども、カメラの設置は少しずつ進んでいるけれども、ガスのセンサー設置などは取り組んでいないのですね。

ゆりかもめ東京臨海新交通臨海線

堀内　インフラ事業者の方々との、サイバー・テロ対策という切り口でのネットワークというのは、構築させて頂いていると思います。

吉川　最近、合同訓練されていらっしゃいますよね。

堀内　そうです。そういった形で重大なことが起きた時には、速やかに我々の方に情報提供を頂けるような、実際上のネットワークは出来ているのかなとは思います。センサーがうちの方まで線が引かれて繋がっているのかというと、まだまだそこまではいってはいないと思います。

吉川　ただガス会社とか電気会社というのは、自分達の事故防止のためにガス管とか電線にはセンサーをつけているはずなので、これからやはり段々それが当局とも必要な時に繋がるようにということは、サイバーでの協力があるのであればできるのかなと思いますけれども。

8　民間警備会社との協力

吉川　さて特に東京2020大会はそうだと思うのですけれども、2016年の伊勢志摩サミットもそうでしたけれども、伊勢志摩サミットだったら外務省の行事です、東京2020大会は東京オリンピック・パラリンピック競技大会組織委員会（以下、大会組織委員会）の行事です——ということで会場の警備というのは、外務省や大会組織委員会に雇われた、民間の警備会社が警備をして、警察の方々は周りを固めるという形かと思うのですが、このような協力関係についてはどのように考えていらっしゃるのでしょうか。

堀内 おっしゃられるように大会組織委員会による自主警備というのは極めて重要で、各会場あるいは選手村を含めて、基本は主催者たる大会組織委員会に自主警備でガードをして頂くということですけれども、当然ながら会場の中とはいえ何か事案が起きれば治外法権でもないので、警察が責任を持って対処していかなければいけません。一応は自主警備の範疇でお願いはしてありますけれども、一切我々として会場の中を関知しないで任せきりだというスタンスではなくて、我々も一緒になって、大会組織委員会等と色々連携してやっていくスタンスです。大会組織委員会の特に警備局関係にも、警視庁からもかなりの職員が行っていますし、警察庁からも行っています。人的にも事実上も含めて、良く連携していかなければいけないということで、その連携はかなり前の段階から良く行っているし、今後もしっかり行っていかなければいけないと思っています。

吉川 差し障りのない範囲内で具体的に、今までどれくらい連携の話をしてきたのでしょうか。

堀内 なかなか量的に申し上げるのは難しいですけれども、例えばモデル・ベニュー・エクササイズというのがあります。リオ・オリンピックでも行われていたらしいのですが、一つ典型的な会場を取り上げて、関係者が集まって何の検討が漏れているかとか、どういうことがリスクとしてあるかみたいなことを、かなり前の段階から詰めて検討していく場が設けられます。我が国でも国立代々木競技場をモデル会場と位置付けて、警備の話だけではなくて会場運営も含めて、関係者が集まって、どういうところに課題があるのかなというのを詰めていく作業も行われているのです。

吉川　それはすでに何回か国立代々木競技場を想定して行われているということですか。

堀内　国立代々木競技場を題材にして、多くは図上訓練なのですが、どこに部屋があって、観客をどういう風に来て頂いて、どういう風に帰って頂くのかとか、最寄駅はどこを使うのか、あるいは手荷物チェックの機械をどこに置くのかとか——そういった具体的な検討をしながら詰めていくということを行っています。

吉川　それは消防も民間の警備会社も参加してるのでしょうか。

堀内　そうです。大会組織委員会の中に民間の警備会社から派遣された方もおられて、常日頃からそういった方々を通じ、あるいはＳＥＣＯＭやＡＬＳＯＫなど、パートナー企業の方々とは連携を密にしています。そういう警備会社の意見も反映しつつ、部隊の警備計画を作っていくということで、我々行政機関以外にも、民間の知見も反映された形で、徐々に詰めて行っているということかと思います。

吉川 入場検査なども、やはり民間警備会社の方の担当になるわけでしょうか。

堀内 それは自主警備の範疇で整理されています。

吉川 そうすると警備の機材や何かも民間の物が使われるのですね。

堀内 大会組織委員会が手配したものか、あるいは警備業務を請け負った業者のものかもしれませんけれども、いずれにしても大会組織委員会の指揮下といいますか、指揮命令の範疇で手配されるということかと思います。

吉川 まだ本決まりではないようですけれども、米国のディズニー・ランドの年間パスポートなどにあるように、東京2020大会でも通しチケットみたいなのを発行して、それを転売防止のために指紋等を取って、入るときも確かにそのチケットを買った人です——という確認をすることも考えられてはいるようですけれども。例えば指紋や何かを事前に警察のほうで前からマークしている人が、どこの会場に何日から入ろうとしているなどと、チェックすることは考えられているのでしょうか。

国立代々木競技場前の雑踏

堀内　その指紋の話は伺っていないです。もちろん転売して高額利益を得る方が世の中に続出するというのは大会組織委員会も好ましいと思われていないので、どうやって転売を抑止していくかということは考えられていると思います。しかし、なかなか現実問題として、始めに買った人が当日も必ず来ないといけませんというのは、難しいと理解しており、多分そういったことにはならないのではないかなと思います。

吉川　もしなった場合に、指紋を事前に警察のほうでチェックをさせてもらうことは、考えられますか。

堀内　そういうことは仮定では申し上げられないです。

吉川　あと会場内の監視カメラも、やはり民間のものが使われるのでしょうか。

堀内　基本そうです。大会組織委員会が、しっかり設置してくださるとは思っていますけれど、それで著しく足りないとか、場合によっては大会組織委員会が手配される分に加えて我々が準備して仮に設置するという事態が、ないとは言えないと思います。

吉川　カメラを使った顔認証をする技術に関しては民間のほうが、むしろ警察よりも優れた技術を持っている場合もある――というように聞いておりますけれど。

堀内　もちろん我々が、どこかにカメラ工場を持っている訳でもありませんから、外国の企業もありますし、日本の企業もかなりのレベルに達していると伺っています。そういう意味では3年後の警備あるいは大会組織委員会の自主警備が、そういった民間の最先端を駆使する形で行われると思います。

吉川　先ほど申し上げた足立区等の自治体のカメラの映像そして民間の警備会社の映像――そういうものは必要であれば、警察の方は見られるようになる、と。

堀内　どういう風になるかは分かりませんが、今でもそうですけれども、何か事案があった時に、そのカメラで映っている可能性があればお願いをして、速やかに御対応頂けると思いますから、ご協力を得て我々捜査機関としては、しっかりやっていくということだと思います。

9　統合指令室は設置できるか？

吉川　東京2020大会の間くらい民間の警備会社や市区町村と、警察の監視カメラとかNシステムとかで見ている映像を、皆で一か所に集まって、三人寄れば文殊の知恵ではないけれども、警察の方ももちろんプロですけれども、民間警備会社の先ほど述べた技術力もあるでしょうし、市区町村の方の見る角度もあるでしょうし、あるいは消防の方など、皆で一か所で、それぞれのカメラの映像を見るとか――そういうことというのは考えられるのでしょうか。

堀内　カメラ映像かどうかは分かりませんが、例えば過去の大会でも立派なセンターが立ち上がって、色々な情報を吸い上げて、高度な判断をされるような部屋が出来たということも聞いています。それは大会組織委員会の話ですけれども。あるいは国レベルでも色々情報を吸い上げることはあるのだと思います。そういった例えば大会組織委員会が作るようなオペレーション・ルームみたいなところに、関係の民間の事業者の協力も得て、いざ何かあった時に、何が起きているのか全く分からないということにならないように、色々な情報を持ち寄れるものは持ち寄ってください――というようなことは、一部行われるのでしょう。

吉川　そのオペレーション・ルームが立ちあがった場合には、その時だけでも、場合によっては警察のカメラに映っているものを、民間や消防の方々も見られることもあるかもしれない、と。

堀内　まあ、あるかもしれません。

吉川　米国では大体いつも、そのようなことが行われています。ところで結局、大会組織委員会が、そういうものを作られるのか、それともやはり都庁なり国なりが力を入れて設置するのか、安倍晋三総理大臣はそのようなこともおっしゃっていましたけれども、これはどうなりそうでしょうか。

堀内 国も官邸レベルにしっかりとしたオペレーション・ルームみたいなものを立ち上げるというような話はありますから、そこに抜かりなく情報を上げていくような仕組みづくりというのは、当然行われていくのでしょう。民間の方もリエゾンみたいな形で入って――というようなことに、官邸レベルの話ですと、どこまでなるのか私には分からないです。大会組織委員会のオペレーション・ルームとかであれば、場合によっては色々なスポンサー企業も含めて、関係者が大勢いますし、シェアできるものはシェアしましょうという空間ができるかもしれません。

吉川 ではそこと官邸のオペレーション・ルームとは、繋がるような形になるのでしょうか。

堀内 私ども、東京都の警視庁という立場ですから、どうなるのか分かりません。

吉川 都庁は、どうなのでしょうか。

堀内 我々は今でも総合指揮所とか、色々と各部のオペレーション・ルームなどはあるのですが、うちの指揮所でもしかるべき情報は見れるようにはしたいと思っています。ただ例えばカメラ映像にしても、現時点で我々が持っているものを我々のオペレーション・ルームで、すべて見られるかというと、必ずしもそうなっていないのです。それを出来るようにするとなると、かなりのコストがかかります。今だったら画像は、かなり容量を使います。そういったものがすべからく常時ヘッド・クオーターに集められるかというと、残念ながら予算の限界があるので、そういうことには多分ならないのです。必要な情報を、いかに効率よく集めるかというのは、おっしゃるとおり重要なことなので、そういうことの実現に向けて、進むということだと思います。

吉川　そうすると一番重要になるのは、大会組織委員会が立ち上げるオペレーション・ルームになるのでしょうか。

堀内　多分観点が違うのです。我々は警察として色々部隊を動かしたり事件捜査をしたり、そういう観点で必要な情報を集めるということですけれども、大会組織委員会となると大会運営のための必要な情報となりますから、ちょっと切り口が違うかと思います。

10　政府機関と大会組織委員会の役割分担

吉川　大会組織委員会だと、とにかく競技場内の対策が中心になるのでしょうか。それに対して警察であれば、東京2020大会開催中にソフト・ターゲットが狙われないかという対策が重要になりますよね。そうなると官邸に立ち上げられるであろうオペレーション・ルームと大会組織委員会のオペレーション・ルームは、やはり役割が違ってくるわけですか。

堀内　それは当然同じミッションであれば、同じ部屋で作ればいいのでしょうけれども、やはり若干ミッションが、それぞれ異なると思います。

吉川　では例えばソフト・ターゲットに重視をおくのは官邸のオペレーション・ルームで、競技場内に重視をおくのが大会組織委員会のオペレーション・ルーム。

堀内　必ずしもそう簡単ではなく、大会組織委員会も、例えば最寄駅の情報を全く把握する必要がないかというと、そうでもありません。最寄駅からどういう風に観客が会場まで歩いてきているのか、そこの混雑具合がどうなのかとか――そういったものは大会組織委員会にも大会運営上では必要な情報です。会場の中か外かで集める情報が、簡単に分かれるかというと、そうではないと思います。

吉川　だとしても大会組織委員会のオペレーション・ルームと官邸に立ち上げられるオペレーション・ルームとは、やはり役割分担みたいなものはあるのでは。

堀内　私が申し上げた大会組織委員会のヘッド・クオーターというのは、警備の話もあるし、交通もあるという、全体を申し上げたのです。大会組織委員会が各会場で色々なところに設置をされているカメラ映像を、色々監視されてやっていくという話と、官邸レベルでの話というのは、若干次元が違います。

吉川　では官邸レベルだと、何をされることになるのでしょうね。

堀内　もちろん会場の中で爆発があれば、その時の映像をすぐ送れというのは、それは当然そうなるのですけれども、例えば大会組織委員会は、会場警備という観点で、盗人が徘徊していないかとかも含めて、警備員の方というのは、よくチェックされていると思うのです。他方、官邸が同じような観点から「おい、窃盗犯がいる」とかいうチェックは、多分やりません。その辺は大会組織委員会に任せて、何か重大事態があった時には、ちゃんと情報を上げなさいということだと思います。

11　日本版テロ対策省庁は設置可能か？

吉川　たとえば官邸に、東京２０２０大会用のオペレーション・ルームが立ち上がりました。それがそのまま恒常的なものになることはあるでしょうか。やはり日本は、これから国際テロの問題を考えていかなければいけないので、テロ対策のための恒常的な政府機関になることというのは、考えられるのでしょうか。

堀内　緊急事態省みたいなものが立ち上がる話は聞いていません。

吉川　日本版ＦＥＭＡ（米国連邦緊急事態管理庁）という話もありましたけれども。

堀内　以前、一時ありましたけれど。

吉川 やはり日本の場合、米国と政治システムが違うので、平時においては内閣官房が、このお役所がこれをやって、このお役所がこれをやってというフォーマットを作ってという形のほうが、米国のように緊急事態管理庁があるというのより、日本の政治システムには馴染むのでしょうか。

堀内 組織を立ち上げれば、すぐ色々な問題が解決するかというと、そうではない側面があります。

吉川 米国でもテロ対策の官庁を作ったはいいけれども、組織が大き過ぎて却って身動き取れなくなった部分もありましたし。

堀内 かねてから国民からは縦割りではないかとか色々な批判は浴びていますけれども、従前に比べて各役所が必要な情報をシェアしましょうということで動いてきていますから、先ほどの話にもあったような警察と海上保安庁との連携しかり、縦割りの弊害部分は解消される方向にあると思います。

吉川 でも私はこういうテロですとか、そういう省庁横断的な問題に関しては、担当省庁があったほうが良いという立場ではあるのですが。

ＦＥＭＡ本部

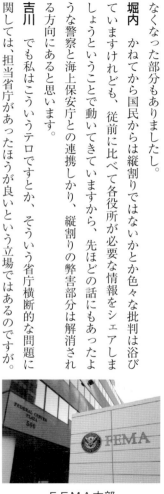

12　未来型テロ対策――インターネット関係会社との協力

吉川　それには次のような問題もあるのです。これは堀内さんに伺っても少し違う次元の話かもしれませんけれども、米国の特にトランプ大統領になってからの入国制限というのは、あれは実はグーグルとかフェイスブックとかアマゾンのＩＤやパスワードを教えてくれたら入国していいよみたいな、そういう政策が背景にあるのです。英国のメイ首相も２０１７年６月の初旬にテロが頻発したので、２０１５年から英国もグーグル等の会社に過去一年間のデータをとっておいて、英国の警察から要求があったら情報を渡してね――という法律は出来ているのですけれども、渡してもらってもデータの中には入れないので、結構大変らしいのです。

堀内　何かパスワードみたいなものが必要ということですか。

吉川　そうです。それで米国や仏国と協力して、グーグルやフェイスブックなどの情報を、もっと入手しやすいようにしてもらえないかということを呼びかけていますけれども、実際にテロを実行する人や、例えば２０１６年7月の相模原市の障害者施設「やまゆり園」の事件ですとか、ああいう事件を起こそうと言う人は必ず、今はインターネットで事前に同じような事件を起こした人の手口とか、あるいは自分は今の世の中にこのような不満があるのだというような自分の情報を発信をしたりします。ですからグーグルやフェイスブック、アマゾンなどが持っている情報を、ある程度分かっていれば、相当な事件を事前に防止出来ると思うのですが、これについては、いかがお考えでしょうか。

堀内　それがオープン・スペースの情報であれば、あまり出されている方も気にはしないのでしょうけれども、情報発信されている方が、ごく限られた方とのシェアを前提にやられているとすると、それを当局が、将来のことのために見るというのは、理解が得難い部分があるのかなと思います。

吉川　まあテロ等準備罪も出来たことですし、これからはそういう通信の傍受等に関しても、今までより幅を広げる必要というのは、あるのではないでしょうか。

堀内　そういう新しい法的な枠組みが国会の方で出来れば、その中で我々は武器をより多く与えて頂いて実行するという話だと思います。

吉川　令状が取れれば、例えばフェイスブックの非公開グループの中で、こんな悪いことを東京2020大会の時にやってやろう話している人達がいるみたいだ。ではフェイスブック社にお願いをして中を見せてもらおうかとか。そういうこともありえるのではないでしょうか。法的な枠組みが出来たとしたら。

堀内　それは枠組みが出来ればの話ですね。

吉川　やはり民間と公との協力――米英は難しいみたいですけれども、メイ首相が呼び掛けた時、米国のトランプ大統領より仏国のマクロン大統領のほうが、早く一緒にやりましょうと言ったみたいです。やはり米英というのは、民間が自由にやったほうが良いという発想ですけれども、仏国、独国、日本の発想は、国が法律等を作って――という発想ですし。考えようによってはグーグルやフェイスブック、アマゾンなどの民間会社が、どういう人が何が好きだとか、どういうことを考えているとか分かっていて、政府が分かっていないというのは、問題な感じがするのですが。

堀内　見解が色々あるのかもしれませんけれども。ビジネスでやる方は、お客がどういうニーズかみたいなのは、非常に重要な情報ですし、お客さんも同意する形で会社に提供されているのでしょうから…。

吉川　提供というよりも知らないうちにグーグルやフェイスブック、アマゾンなどに、自分に関するデータが積み重なっています。

堀内　利用者は、買った物の履歴が当然ある程度は残る前提で買い物をされているわけで、その範囲ではお客さんと業者さんの関係の中で、情報が共有されているのだと思います。

吉川　普通のショッピング・センターに、こういう農薬とか化学薬品を買った人がいたら通報してください――とお願い出来るのであったら、アマゾンにもお願い出来てもいいような気もしますけれども。

堀内　そういう意味で取扱いが注意されているようなものについて協力要請というのはあり得るのでしょう。

吉川　これからテロ等準備罪も含めて、やはり通信傍受ですとか、そういう民間の協力に関して、色々な法律や何かが整備されていけば出来る、と。

堀内　出来る法律の内容によるということなのでしょう。

13　2020年以降に向けて…

吉川　そろそろ約束の1時間になりました。人間は締め切りが本当に大事です。東京2020大会が終わった後だって、米国と同じような価値観や生活システムを持っている日本というのは、テロのターゲットになるのではないかと私は思うのです。それを考えると東京2020大会という締切に向けて、いま私が申し上げたような色々なシステムというのは、整備していかなければいけないのかなと思うのですが。どれくらい進みそうでしょうか。先ほどからのお話を総括して。

堀内　システムとおっしゃったのは、何を指しているのでしょうか。

吉川　少なくとも民間との協力ですとか、もちろん消防とか、海上保安庁との協力ですとか。

堀内　関係機関との協力、あるいは我々は日本版テロ対策と言っているのですが、諸外国のことは私はよく分かりませんけれど、日本はかねてから民間の方々とよく連携して、例えば爆発物の原材料を大量に変な人が買っているみたいな情報も管理者の方――薬局の方だったと思いますけれども、やはり提供して頂いたので、大量の爆薬（ＴＡＴＰ：過酸化アセトン）を事前に抑えることができたということがあります。そういった我々日本では、民間の方と警察とが比較的うまく連携させて頂いて進んできている面はございますから、引き続き国民の皆さんの協力を得て、重大なテロ事案も少しでも事前にアラートを教えて頂いて、警察としてもそういった情報を頂く中で適切な対応をしていく――というのは今後ますます重要と思っています。

吉川　あとカメラ、センサーの接続についてはいかがでしょうか。

堀内　センサーの接続は分かりませんけれども、カメラについては先ほども申し上げましたように、ご理解頂けている事業者さんの間では徐々に、何かあった時という限定付ですけれども、速やかな協力を頂けるような形にはなってきています。そういった協力を頂ける事業者が増えてくることに関して、私共も大変ありがたいと思います。民間の方も、先ほど申し上げたように、我々にそういう枠組みがなくても、防犯の意味を兼ねて、カメラしかり色々な不審者情報しかり、しっかりやって頂いて、我々に与えて頂くというのは、大事かなと思っています。

吉川　東京2020大会に向けてあと3年。もっとその一体化が進んでくだされば、安心して素晴らしい東京2020大会が出来るので、本当に頑張ってください。本日はお忙しい中、ありがとうございました。

【インタビューのまとめ】

以上のインタビューから以下のことが読み取れる。以下の部分の文責の一切は吉川にある。

(1)　市区町村との連携は、監視カメラの接続まで含んだものとなると、2017年夏の時点で足立区のみであるが、そこまで行かないが幅広い地元団体等との連携は既に多くあり、他の市区町村とも足立区と同様の連携も今後の視野には入っている。

(2)　消防との合同訓練は各署レベルではいくつも行われているが、本部レベルでの大規模なものも次第に行われつつある。

(3)　海上保安庁との合同訓練はいくつも行われており、自衛隊とは国民保護法に基づいた従来の図上訓練等をベースに、今後に色々な連携が考えられる。

(4) 法務省入国管理局と警視庁との連携に関しては、既に進んでいる部分も大きいが、外務省等が持つ外国情報等に関しては、警視庁は警察庁経由で入手する仕組みである。

(5) 危険物を取り扱う民間業者等との連携も深化しつつある。

(6) 日本ではカメラによる監視は、プライバシーや予算上の問題もあり、民間業者が設置し、そのハード・ディスクに残ったデータを、事件後に警察が収集するのが従来からのパターンであった。そうだとしても東京２０２０大会を控えて、鉄道会社等との間で、今まで以上の連携が築かれつつある。

(7) センサーによる監視に関しては、日本では未だ構想されていないが、サイバー・テロ対策の合同訓練等が警察と交通、電気、ガス等の各インフラ会社との間で、行われていることを考えると、これから全く可能性がない訳ではないかもしれない。

(8) 会場を警備する民間警備会社と警察との合同訓練も、既に一部の会場を題材にした図上訓練等で何回も行われており、また会場内の監視カメラに関しても、民間警備会社が設置したもので不足があれば、警察が会場内にカメラを設置する可能性もある。

(9) 大会組織委員会の指令室の中では、今までの日本にはなかった警察、民間警備会社、消防、自治体等の関係者が、お互いが設置したカメラの映像等を、一緒に見るような警備が行われる可能性もある。

⑽ 大会組織委員会の指令室と政府の指令室とでは、重複する部分もあるが役割が違う。しかし大規模な事案に関しては政府の指令室が中心で、そこに前記の大会組織委員会の指令室が持つ情報等が提供される形になるものと思われる。

⑾ 日本版ＦＥＭＡのようなテロ対策官庁を作ることに関しては、色々な考え方があり、今のところ予定はない。

⑿ 米英の政府で進めようとしているインターネット関連会社から事前に情報を提供してもらうことは、日本でも法改正があれば、部分的にでも可能になるかもしれない。

⒀ 日本では昔から官民の連携が強い。それを東京２０２０大会に向けて深化させて行くことが、最も重要と思われる。

インタビュー③

東京消防庁オリンピック・パラリンピック準備室長 伊藤幸永 氏

【インタビューの目的】

２０１７年９月20日、東京消防庁オリンピック・パラリンピック準備室長の伊藤幸永氏にインタビューを行った。その目的は、消防の観点から東京２０２０オリンピック・パラリンピック競技大会（以下、東京２０２０大会）のテロ対策等に関して、準備の状況等を知るためであった。

【インタビューの内容】

１　東京消防庁独自の東京２０２０大会警備

吉川　では宜しくお願いします。まずオリンピック・パラリ

伊藤幸永氏（右）と著者

ンピック準備室が、どのような趣旨、経緯で出来て、どのような目的を持っているのかを、簡単に説明して頂ければと思います。

伊藤幸永 2015月4月1日に、この準備室が立ち上がりまして、私が二代目室長です。現在の当庁の次長が本部長という形で、この準備室が立ち上がりました。趣旨は、もちろん東京2020大会における安心・安全を提供するということで、競技場における警戒や救急事象発生時には、どういう対応をするか等を、警察や関係機関とも協力しながら、どういった形で効果的に警戒が出来るか、限られた車両、人員で効率的に大会期間中の安心・安全を守るには、どのように対応していくか——ということを検討するために、この準備室が立ち上がりました。

吉川 警察を含む関係機関との連携・協力についてですが、ぜひ伺いたい部分なのですが、まず東京消防庁では、どのような準備をされているのでしょうか。

伊藤 基本的には、各競技場に消防車両、救急車も含めて配置して、何かあったらすぐ即応できるようにすることです。あと人も警戒班と申しますけれども、班長一人に警戒員二人——今のところ三名一組で警戒をして、十分な警戒をする。あとは予防です。競技場の設備について、それらを順次チェックします。そういう警戒を、一応基本ベースにしています。

吉川 それは消防設備の点検ということですね。

伊藤　設備の点検です。予防部分です。警戒も今言ったとおり巡ら警戒と申しますが、通常の大会運営中に巡らして何もないか。万が一何かあれば即応体制をとって、こちらに情報を連絡をして対応をする。迅速な対応を目指しているのです。

吉川　それは競技場の中だけということでしょうか。

伊藤　競技場はセキュリティ・ペリメーター（境界線）に囲まれており、セキュリティがしっかりしています。しかし競技場が、例えば国立代々木競技場であれば、代々木駅や千駄ヶ谷駅が周辺にあります。それらの駅から競技場までを、東京都では「ラスト・マイル」という言い方をしています。そのラスト・マイルにおける警戒も、我々の方で行いますし、あとマラソンやマウンテン・バイクなどの競技の沿道の警戒。それからライブサイト――今のところ東京都内の立候補で四つあり、上野公園、井の頭公園などのライブ・ビューイングの警戒です。そのようなところを中心に、今は考えています。

吉川　それは消防の方としても、出来るだけ即応できるようにするために、警察その他の機関に任せないで、ご自分たちの連絡担当者を置いているということですね。

伊藤　はい。もちろん、その他の機関との連携も、しっかりと図ってまいります。

2 関係諸機関との協力

吉川 その諸機関との協力なのですが、まず警察との協力は、どのようになっているのでしょうか。

伊藤 これから訓練を行う話はしているのですが、なかなか難しいです。警察と消防というのは、なかなか難しいところがあるのです。今度の東京2020大会に関しては、オリンピック・パラリンピック準備局という東京都の部局があって、そこに色々な部会があり、その中の一つに安心・安全部会があります。その中に更に災害対策分科会、それから感染症分科会があって、それで災害対応をすべき実動部隊――警察、消防、海上保安庁、自衛隊――で、色々と安心・安全部会の災害対策分科会の中で、図上訓練を実施してみて、例えばテロの情報が入った時に、消防機関は何をするのか、警察機関は何をするのか、図上訓練の段階なのです。そして実際に事があった時は、連携して対応するということで動いています。

吉川 具体的に差し障りのない範囲内で、どのような図上訓練をされているのでしょうか。

伊藤 まだ始まったばかりですし、警備上も秘密にしないといけない部分もご座いますので、お答えは差し控えさせてください。

吉川 何れにしても訓練を行ったのは、消防と警察でしょうか。

伊藤　あとはオリンピック・パラリンピック準備局にも色々な局の人が派遣になっていまして、東京消防庁も警視庁も海上保安庁もいます。自衛隊も総合防災部というところにいます。それらと上手く協力するようにしています。

吉川　消防と海上保安庁や自衛隊との直接的な関係ということはないわけでしょうか。

伊藤　東京2020大会に関して、今それぞれの役割分担の中で、我々も一義的には救急というところで動いているものですから。競技場によっては海のところもありますし、その辺は今後、協議していくところです。東京オリンピック・パラリンピック競技大会組織委員会（以下、大会組織委員会）の中の警備局と、あとはメディカルな部分で色々な協議をしているので、色々な検討する枠組みが沢山あります。大会組織委員会でも、もちろん行っていますし、先ほど言った東京都のオリンピック・パラリンピック準備局の分科会の中でも、行っています。直接的には海上保安庁や自衛隊、警視庁の方も、ここに来て、それぞれの個別的なセキュリティ・エリアを、どのように対応にしようかなど、色々な相談が来るのです。でも、その協力活動の話は、これから煮詰めていく状況です。

吉川　警視庁と東京消防庁は、東京都のものですけれども、自衛隊と海上保安庁は、国のものですから、その違いで協力が難しい部分というのはないのでしょうか。

伊藤 内閣府からも警察と消防は、しっかりと連携を組んで対応しなければならないという指示をいただいております。

吉川 日本の消防は基本的には市区町村のものですが、東京都だけは例外的に、事実上は東京都の消防が東京消防庁なので、他の県に比べれば都道府県単位の警察との協力が、やりやすいのかなと思いますけれど。

伊藤 非常に連携しやすいと思います。爆弾テロや車両による突撃などを想定して、それを今は各々図上訓練を行いつつ、これから始まる訓練に向けて、どういう役割分担にするのかを、実際に擦り合わせる必要があります。個別の図上訓練だけでは、連携は難しいです。訓練の計画は、これから立ち上がってくる状況なのです。

テロが発生した時に、やはり組織によって目的が違います。警察だから犯人を捕まえるとか。また日頃、我々に直接情報が入ってこない部分もあります。そこをいかに我々が警察機関とうまく連携を取るか。実際に車が突っ込んだ時に、警察官が怪我をする可能性もあります。そういった時に、ではどのように連携するのかは、今後、煮詰めていかなければなりません。

吉川 日本という国は考えてみると不思議なテロ先進国です。ボストン・マラソンのテロは、私が子供の頃に起きた三菱重工爆破事件。それから最近ヨーロッパでよくある車両を使ったテロは、秋葉原通り魔事件と類似しています。例えば秋葉原の事件の時も、警察は先ほど申し上げたように、犯人を裁判で有罪にするための証拠を確保したい。それに対して消防は、怪我をされた方々を助けることが優先だ――ということで、色々と難しいことがあったとも聞いています。

伊藤　おっしゃるとおり、テロという概念が難しい部分があるのですけれども、これだけ世界でテロが発生すると、やはり日本でも、東京２０２０大会期間中に、車が突っ込むことがあるかもしれません。

吉川　競技場を狙うよりも、むしろ競技を行っている最中に、銀座の真ん中でテロが起きるようなケースがあり得ます。

伊藤　我々は救急も持っているということもあり、おっしゃられたボストン・マラソンの話も、私も日本大学の河本志朗教授から聞いて、やはり消防、警察だけでは駄目だと思いました。メディカルも入って、病院も準備をしておく。ボストンの場合、救急病院が七か所くらい丁度い位置にあって、相当な予算を使って、日頃から訓練をしていると伺いました。だから被害が最小限で済んだということも聞いています。本来であれば内閣府から、予算を付けるぐらいは、やってもらいたいというのはあります。東京消防庁、警視庁それぞれ個別の予算だけでは、ボストンのような訓練も出来ません。

吉川 911事件の後、米国は非常に力を入れています。各自治体ごとに危機管理センターがあって、消防も警察も、助けに来た軍隊も連携を取ります。

伊藤 そうなっていますよね。我々としても実は、そこを望むところでして。やはりネックなのが、警察と消防の協力が、非常に難しく微妙なところなのです。

吉川 更に自衛隊も来ます。

伊藤 震災訓練などでは、現地調整所で消防と警察、自衛隊、自治体などが一緒に調整を行います。そういう体制が出来ているので、それを東京2020大会に関しても、テロに限らず多数傷病者が発生した事故に備えて、いかに各機関が日頃から訓練を行っておけるか――というのが東京2020大会の開催までに我々も非常に力を入れたいところです。

3 NBCRテロ対策

吉川 NBCRテロに関しては、どのように備えているのでしょうか。

伊藤 NBCRに関しても、我々は防爆用の車両を検討していたり、現にハイパー・レスキュー（消防救助機動部隊）の中にNBCR部隊もあります。今のハイパー・レスキューは、第九消防方面本部と第三消防方面本部の部隊が、基本的にＮＢＣＲ対応部隊です。第九消防方面本部というのは八王子ですので、あそこに置くのがいいのか、やはり都内の都心に持ってくるのがいいのか。そこは協議していまして、出来れば競技場に近いところにＮＢＣＲの即応部隊を置きたいです。多摩地域の対応力を崩さないように競技場付近に配置することを考えています。当然、新たに装備なども充実しなくてはいけないと進めています。

吉川　差し障りのない範囲内で具体的には？

伊藤　ＮＢＣＲに限ったわけではないのですが、止血帯という軍隊が使う救命具なども、配布しようということを考えています。既に、救急隊には、配置しております。これも予算がつくかどうかというのもあるのですけれど。

吉川　例えばサリンが使われた時の解毒剤のようなものはいかがでしょうか。

伊藤　それは東京都で、具体的な数字はオープンにはしてないのですが、そういったものを想定して、備蓄しているとは聞いています。

吉川　消防とは、また別の組織の管轄になるのですか？

伊藤　東京都の災害対策本部が立ち上がって、我々はそこの一部の実動部隊ですから。サリンが使われて、災害対策本部が中和剤を必要と判断したら、担当の局が災害対策本部の中で動いて、我々のところに持ってくるとか、企業に持って来ていただく。そういう体制は出来ていると思うのです。我々が中和剤などを保管してはいません。

吉川 どういう毒ガスが使われたか、はっきりしないと消防の方々にしても医師や看護師の方にしても、間違って触ってしまったら危険とか、そういうこともあるわけですよね。

伊藤 ですから地下鉄サリン事件以降、化学機動中隊にも、かなりの数の薬品を検知できる部隊を配置しています。それらが、まず完全武装して現場に入ります。東京2020大会の時には、これらの部隊を前面に出して行きます。ただ、どこで事が起きるか分かりません。例えば八王子の駅などもターミナルですから、そういうところでテロが起きる可能性もあるので、部隊を一部に集めるのは、やはりどうかと思います。全体を見てバランスよく配置していかなければなりません。

吉川 そういう化学防護班みたいなものというのは、警察も自衛隊も持っているわけですよね。海上保安庁も。

伊藤 はい。

吉川 であれば、うまく割り振って、ここは消防では足りないから警察にお願いします、自衛隊にお願いします——といったようにしておかないといけないのではないですか。

伊藤　そこが非常に難しいところですね。本来、同じものを持っていればいいのですけれど、やはり少しずつ違う。警察の場合は、毒物などを証拠として危険物を収集する。我々は人命を守るために、自分も守りながら人を助ける。その辺の趣旨や目的が違います。事が起きたら警視庁も、我々と一緒に危険物の除去など、色々な活動をすると思いますが、事件性があると警察は、犯人逮捕優先という風になります。

吉川　あとNBCRとなると、重要なのは自衛隊になるのでしょうかね。

伊藤　そうですね。NBCRになると、我々が今持っている装備で十分かという不安もあるのです。先ほど言った防爆に対応した資機材というのも、装備課で色々と検討はしてもらっています。

吉川　東京2020大会には間に合うのですか。

伊藤　間に合うように今、装備（資機材）を整えているのです。指揮統制というのも大事になってきます。指揮統制車というのは、爆発に耐えられるような大きい車両。ガラスも割れないとか。そういった検討をしてもらって、東京2020大会には間に合わせようとしています。

吉川　東日本大震災の時も、1999年の株式会社ジェー・シー・オー（JCO）による核燃料加工施設での臨界事故のあと、東京消防庁が導入した対放射線の車両が先に福島原発に入って、中の様子が分かっていたから注水作戦も出来たのですよね。

伊藤 そうです。ですから、あのような災害があった時に、いかに情報を取れるか。警察からも色々情報を貰わないと、我々も動けません。原発に限らず、そういう時には、いかに情報をお互いに、どれだけ共有できて、活動に活かせるか。福島第一原発でも、ある程度は貰いました。

吉川 自衛隊も含めて。

伊藤 大体中の様子も上空からの映像で分かっていましたから、あのような結果として最高の活動になったと思います。まずは状況を、いかにお互いの機関が早く共有するかが、重要だと思うのです。これ簡単なようで難しいのです。

4 各競技場の警備

吉川 ですよね。

伊藤 大会組織委員会の中にも各競技場の情報を集約する部署を設置することになっています。当然、定点監視のカメラとか、我々のヘリ映像とか、色々な情報をトータルで

東京消防庁の放射線防護機能を備えた特殊災害対策車（大型）

集約します。そして各々の機関が、それの情報を共有するという動きがあります。

吉川　オリンピック・パラリンピックとなれば、そもそも競技場の中の警備というのは、消防や警察、自衛隊ではなく、大会組織委員会が雇った民間警備会社になるのでは。

伊藤　もちろん各機関が主体になり、警戒に当たりますが、当然、民間の警備の方のお力が、必要になってくると思います。

吉川　それらの情報共有は、どのような感じなのでしょうか。

伊藤　各ベニュー（競技場）ごとに指令室が設置される予定で、そこには警備局の方も当然入ってきます。

吉川　それは大会組織委員会のものなのですね。

伊藤　はい。

吉川　大会組織委員会が、消防、警察、自衛隊、海上保安庁そして大会組織委員会の雇った警備会社の色々な情報を集約する、と。

伊藤　そこが今言った各競技場に設置される指令室において、それぞれの会場ごとに行われる予定です。

吉川　責任者は。

伊藤 警察からでいいのではないかと思います。そして副責任者は、やはり消防がいいのではないかと思います。今調整しているところです。これは東京に限らず札幌とか各競技場に、それぞれ責任者は置くということです。

5 監視カメラの運用

吉川 いずれにしても警察、自治体、あとは東京2020大会が始まれば警備会社が、監視カメラみたいなものを運用するとして、消防はそういう監視カメラとか、先ほども申し上げたようにNBCRテロに対応したセンサーなど——それらはどのようになっているのでしょうね。

伊藤 一つ考えているのは、さっき言ったように上空からのヘリは一つの武器です。今我々も検討しているのはウェアラブル・カメラです。これを充実させて、先ほど言った警戒する人に持たせて、何かあればそれで本部にすぐ映像が送れるし、音声通話も出来ます。ということで順次東京2020大会までに整備して行く予定です。

吉川 それこそ消防、警察、自衛隊が、全て同じものが使えるようになるといいのではないでしょうか。

伊藤 本来は、そうだと思います。警察は先行してランニング・ポリスで、ウェアラブル・カメラを導入されています。

吉川　東京マラソンで使用されたものですね。

伊藤　東京都も都内全体の情報を集約するための情報集約センターのような室を設けようと考えています。そこには当然、警察からのカメラ映像、我々の持っている映像も来ます。ですからお互いに共有できればいいな――と思います。警察も、どちらかというと監視カメラなので、ゲートの付近ですとか、定点で映像が入ってきます。そして警備員も、今の時点では持つかどうかは分かりませんけれども、大勢いるので、そこの警察の映像と我々消防の映像を情報集約センターに出します。今はヘリからの映像も持っていけます。あとは大会組織委員会も、各々の競技場に監視カメラを沢山持っています。

吉川　それは民間の警備会社が設置するのですね。

伊藤　現在、役割分担を調整中です。

吉川　実動部隊として大会組織委員会に雇われた警備会社が、設置するのではないのでしょうか。

伊藤　そうですね。ただカメラの設置となると大会組織委員会と警備会社が、どこに設置しようかと多分協議すると思うのです。

吉川　そうすると大会組織委員会が、最低限の実動部隊を持つ形になるわけなのですか。

伊藤　大会組織委員会は、実動的には警備会社のスタッフを雇います。監視カメラにも色々なツールが出てきています。

吉川　そうですね。足立区では国土交通省の予算で設置した監視カメラの映像を、警察に提供すると約束しています。

伊藤　足立区の犯罪は、監視カメラの設置で、ずいぶん減ったみたいですよね。

吉川　あと東京スカイツリーの上からも、結構見ていると言われていますよね。ああいうものが大会組織委員会とか都庁のほうで、一括で見られるようになるのかどうか。

伊藤　現在、映像配信についても、協議中です。

6　米国型危機管理センターは作れるか？

吉川　私は、ニューヨークとワシントンＤＣの危機管理センターを取材したことがあるのですが、映像だけではなくて、街中にセンサーを張り巡らしてあって、どこでどういう事が起きたか——全て分かるようになっています。

確か私が聞く限りでは、東京メトロも地下鉄サリンから20年以上経って、最近ようやく監視カメラの設置を始められたようですけれども、ライブで見られるものが、どれくらいあるのか。

更に言うなら米国の場合、９１１事件以降ですが、日本の地下鉄サリンも参考にして、ワシントンＤＣの地下鉄などは、化学剤を検知するセンサーも張り巡らしてあって、ライブのカメラ映像だけではなく、どういう毒ガスが使われたとか、そういう情報も、何かが起きたらすぐに消防、警察、軍が、見られるようになっているのです。

伊藤　おっしゃったように鉄道関係は、映像も持っています。それから高速道路も。消防総監から、そういうインフラの部分で、消防活動、警戒活動に有益な情報は、我々消防機関でも見られるような仕組みづくりをするよう指示を受けています。

吉川　日本の場合、東京メトロも含めて、民間のものというのは、ライブ配信ではなくてハード・ディスクに残す形ですよね。ですがライブで見られるというシステムが、東京２０２０大会までの間に、どれくらい構築できるのか。

伊藤　それは多分重要な鍵になってくると思うのです。

吉川　更にはセンサーの設置も。

伊藤　センサーとは、どういうものですか。例えば地下鉄にガスがふりまかれた時に、これはこういうガスだ――とわかるのですか。

吉川　はい。

伊藤 うちの分析装置が張り巡らされているようなイメージですよね。

吉川 地下鉄もそうですし、あとニューヨークの場合911事件があったので、水道管とかガス管がニューヨーク市のものだから、それに全部センサーを這わせていって、どこで何が起こっているか、コンピュータに集約されるところまでやっています。

伊藤 いち早く初動対応が出来るのですね。地下鉄サリンの時も、我々の職員も状況等がわからずに現場に到着し、活動を展開しました。やはりファースト・アタックは消防なので、かなり隊員も受傷してしまいました。先にそのような情報が入れば、非常に活動もしやすいです。

あの時はサリンであると分からなくて、最初はうちの分析装置も、サリンまで感知していなくて、最終的には警察の調査でサリンということが判明しました。活動している隊員が、何だか分からないけれども、バタバタ倒れていって目が痛いと訴える。そのうち自分も目が痛くなってしまった。最初の情報を消防も、いかに早く取るか――というのは重要な鍵となってきます。ガスが特定されるまで時間がかかる中、活動しなくてはいけないので、我々は慎重にいかなくてはいけないのです。けれども、やはり早く行かなくてはいけないという使命があります。情報合戦を、

ワシントンＤＣの地下鉄

いかに早くというのは、本当に重要です。

（注：このインタビューから約3か月後に、総務省消防庁が2018年度より、赤外線等で遠方からガスの特定ができるシステムの、主要都市消防本部への導入を発表した。しかし事件が起きてから、消防が持参することに変わりはない。）

吉川　あとは消防の方が余り早く行って、人命救助で人や物を動かしたりされてしまうと、警察としては少し困ることがあります。証拠が消えてしまうとか。

伊藤　仏国の消防局次長がこちらに来られて、テロ現場での活動映像を見せてくれたのですが、やはり消防が先に行ってました。とにかく血だらけの人がいるので、どうやって統制したらいいのか。犯人もどうなったのか。やはりパリも消防と警察とは、活動上なかなか難しいのです――とおっしゃっていました。でも救助を行わなくていけません。

少し話は飛んでしまいますが、パリとニューヨークと東京の三つで、そういう対策を考えようという会議等を、2018年に行うそうです。パリも東京の次にオリンピック・パラリンピックを開催します。同じ規模感があって、先進都市同士。そして警察と消防の連携というのは、パリでも永遠の課題だとおっしゃってました。

吉川　911事件の時も、警察と消防の情報共有の失敗のために、300名以上亡くならなくてもいい消防職員が亡くなってしまいました。

伊藤　あれも私は実際に話を聞くと、亡くならなくてもよかったのに――と思いますね。

吉川　警察と消防の無線システム自体が全然違うから、警察も悪意があったわけではないのだと思うのです。

伊藤　もちろんです。

吉川　だからニューヨーク市危機管理センターは、警察と消防から一回情報が集まって、それを配信するような方式です。

伊藤　内閣府も多分そういうイメージで色々な訓練の中で、やはり警察は警察で機密情報は流す話ではないのですけれども、活動に関する部分だけでも我々に情報をくれれば、非常にありがたいです。そこは今後、警察機関の皆さんと話を煮詰めて、訓練を重ねるうちに、そこは当庁側からもアプローチしていきたいということで、今まさしく進めていくところです。

ニューヨーク市危機管理センター

7　本部機能と、その役割分担

吉川　ところで先ほどから話を伺っていて、大会組織委員会と東京都と内閣府とで、それぞれ本部があるのですか。

伊藤　大会組織委員会に警備局。東京都にオリンピック・パラリンピック準備局という一つの局が出来ます。警視庁の方にも、総合対策本部もあるし、当庁もここ（オリンピック・パラリンピック準備室）があります。それぞれの本部は、立ち上がっています。

吉川　内閣府にもある。

伊藤　今まで言ったように、色々な情報が大事だし、連携しなくてはいけないということは、いつもおっしゃって頂いています。内閣府は危機管理ということで、色々な細かい話がありま す。情報セキュリティもありますし、通常のセキュリティ、ＶＩＰ対応、熱中症対策から医療関係。それぞれ内閣府として一つ立ち上がっています。

吉川　それは例えば東京オリンピック競技大会・東京パラリンピック競技大会担当大臣がいらっしゃいますけれども、その下にある組織の中の、警備部門みたいな感じなのですか。

伊藤　どうなのですかね。セキュリティ会議などに行くと、前回は丸川珠代東京オリンピック競技大会・東京パラリンピック競技大会担当大臣も来ていましたが、そこには東京都や厚労省等、全部の役所の局長クラスがいるので、そうみると内閣府主導なので、大臣よりも政府の直結かなとも思います。

吉川 それについて私も、ずっと申し上げてきているのが、内閣府というのは首相官邸との間で少し距離があるというか、担当大臣が必要であったりしますし、内閣官房というのは、今は内閣危機監理監室やNSCなどもありますけれども、基本的には各縦割りのお役所の連絡調整所なので、だから米国みたいに一括して危機管理が出来るような場所というのは、日本の場合はっきりしていると言い切れるのかどうか。東日本大震災の時も内閣危機監理監室が、どれくらい機能したのか——とか色々な問題があります。繰り返しになりますけれども、大会組織委員会と東京都と内閣府と、どういう役割分担になっているのでしょうか。警備問題に関しては。

伊藤 基本的には警備は大会組織委員会がメインです。

吉川 東京2020大会の競技場の警備ですね。

伊藤 はい。東京2020大会の競技場の警備というのは警備局。入場者のスクリーニングから含めて。東京都の準備局にも警備担当がいます。それぞれ役割分担があります。

吉川 先ほどおっしゃられた例えば国立代々木競技場と駅の間のラスト・マイルについては。

伊藤 そこも今、協議しているみたいです。どっちなのという話をしているらしいです。

吉川　競技場から離れた、それこそ銀座の歩行者天国や八王子のターミナル駅など、そういうところは東京都が警備の主体になりますか。

伊藤　当然、東京都です。東京都の前述した情報集約センターが有効に活用されて、色々な情報を取って関係機関と連携します。

吉川　東京２０２０大会と関係ないわけではないですけれども、これから永続的に都民を守るために消防、警察、場合によっては自衛隊を連携させる役割を、ずっと担っていくことはあるのでしょうか。

伊藤　今は情報集約センターという言葉自体が実は確定ではなくて、都のオリンピック・パラリンピック準備局の方で災害対策本部という枠はあります。例えば大災害、大震災が起きた時に、この災害対策本部が立ち上がります。知事が本部長です。その中に、東京２０２０大会の情報共有というところを置いておきます。いざ東京２０２０大会以外でも、事案が発生した時には、災害対策本部という枠の中に入ります。東京２０２０大会に関して例えば、道路に倒木が倒れて競技の妨げになっているとか、そういう情報があれば当然、道路を所管する建設局がそういったことを除去して――とか色々の仕事があります。

基本的に東京２０２０大会に特化した部分だと思います。その時に大会を健全に運営しながら都市機能を維持するという。

吉川 ただ、せっかくそういうものを作ったのであれば、東京2020大会が終わった後もレガシーとして、残すべきなのでは。いつ大震災や北朝鮮のミサイル、大規模テロも東京2020大会の後だってあるかもしれません。ただ何れにしても大会組織委員会は基本的に競技場、東京都は都内のソフト・ターゲットを守る。

伊藤 そういうイメージになると思います。

吉川 あと東京都以外の競技場もありますし、東京2020大会を開催している最中に、東京2020大会と全然関係のない場所で大規模なテロを起こしただけでも、国際テロ集団にとっては手柄になるわけです。そういうテロを起こすために外国から、どういう人が来たのではないか等、外務省が持っている情報、法務省が持っている情報――そういうものを統括するのも内閣府になるのですか。

伊藤 内閣府のセキュリティ情報センターが、この間立ち上がりましたので、テロに関する情報――渡航者は誰が来た、危ないやつが来たという情報を、集約すると思います。

吉川 それも東京2020大会のためだけなのですね。

伊藤 基本的には東京2020大会のためです。ただ情報セキュリティというのは、非常に奥が深いし広い範囲だと思いますから、何らかの形では永続的組織になっていくのかなと思います。

8　内閣府の役割

吉川　それもレガシーというか、今後テロや北朝鮮のミサイルとか色々なことがあった時のことを考えると、東京２０２０大会が終わった後も残した方がいいのかな——と思うのですが。

伊藤　そうですね。最終的には日本全国ですから。東京だけではありません。全国消防長会の枠を使って、総務省消防庁、内閣府防災担当等にも強く言って、何らかの全国的な消防としての対処は、考えてもらわなければいけないのでは——とは思っています。

吉川　もし地方にサリンを積んだミサイルが落ちたとしたら、結局は東京消防庁のハイパー・レスキュー隊が、助けに行かないといけなくなるのでしょうか。

伊藤　難しいところですね。福島原発の時の様に我々が何かをするかどうかは。

吉川　もし何かするとして、遠方だとしたら自衛隊や米軍に運んでもらう——という話も出てくるのでしょうか。

米軍の大型輸送機

伊藤 当然そうなるでしょうね。テロというところだと、爆弾に対する何か、毒ガスに対する何か――という連携の仕組みはまだ何もありません。これは東京2020大会を契機に、レガシーとして残すべきだし、早く取り組まなければいけません。

吉川 内閣府なのか、内閣官房なのか。内閣危機監理監室やNSCは、内閣官房にあります。それは首相官邸との距離を考えると、物理的、制度的に一番いいのですけれども。しかし本来内閣官房というのは単なる連絡所であって、そういう仕事というのは本来内閣府が行うはずなので、その仕分けをどうするのか。そしてその話の延長線上で、安倍晋三総理大臣が東京2020大会の時には、きちっと国の指令室を立ち上げたいということをおっしゃっていたけれども、それは内閣府のものが、そういう風に東京2020大会の間はなるのでしょうか。首相直属みたいな。

伊藤 例えば、何かあった時に大会を継続するのか止めるのかという判断は、最終的には内閣府と大会組織委員会の会長なりが協議して決めるようになっていますから、おそらく内閣府が主体でやると思います。大会組織委員会に大元のオペレーションの情報すべてが入って来て、映像なども全部集約するようなところがあって、そこで内閣と大会組織委員会それとJOC(日本オリンピック委員会)と協議して、最高の決定をすると思います。

吉川　それは大会組織委員会のものなのですか？

伊藤　大会組織委員会です。

吉川　色々なカメラの映像や何かを集約するのは、大会組織委員会だけでなく都庁も行うのですね。

伊藤　おそらく、そうなると思います。

吉川　内閣府も行うでしょうね。東京2020大会をやっている最中には。

伊藤　それはちょっと…。内閣府については、情報がないので多分ということしか言えないですね。私たちには具体的な話が来ていないので。同じ映像を同じ部屋で見るというのも、まだ決まっていません。

吉川　東京2020大会の段階で、仮に安倍総理がまだ総理大臣であるとすると、安倍総理の人柄なり考え方からすると、ご自身がきちっと司令官になりたいのではと思いますし、またお任せしていい方だと私は信じています。そうすると、やはり内閣府なのか内閣官房なのかは別として、そういう全部の映像が見られる場所というのは、作られるのではないですかね。

伊藤　まだ我々も内閣府の取組については、そこまではしっかり聞き及んでいないのです。ただ今の話だと、総理大臣も判断するにあたって、何もないというのはありえないでしょうし、内閣府のところも今は何も聞いていませんが、おそらく緊密性の高いものを持って、我々は現場の情報も集めて、それをお互いに共有するという形で、多分行うのではないかなと思います。内閣府も、これから情報収集をしようとしているのか――というのは我々も分からないのですが、おそらく準備はしていると思います。

吉川　とにかく国家を外国やテロ勢力から守るのは内閣の役割であるとして、また東京2020大会を安全に開催するのは大会組織委員会の役割であるとして、とにかく東京都内で何かがあったときに人の命を救うというのは、東京消防庁の皆さんの役割なわけです。もちろん何もないのが一番いいわけですし、そのために内閣府にも警察にも頑張っていただきたいわけですが、もしということがあった時――それはテロではなく事故かもしれないのですが――東京消防庁が一刻も早く動いて、大勢の人を救って頂きたいと思います。本日は本当にお忙しいところ、どうもありがとうございました。

伊藤　また色々とご指導頂ければと思います。

【インタビューのまとめ】

以上のインタビューから以下のことが読み取れる。以下の部分の文責の一切は吉川にある。

(1) 東京消防庁としては、東京2020大会開催中に、ウェアラブル端末を付けた三人一組の警戒チーム（今現在の案）を、各競技場内や競技の行われる沿道等で巡回させ、他の組織に頼らずに迅速な情報を集める活動を行う。また競技場の近くに、多くの緊急車両等を配置する予定である。

(2) 警察、自衛隊、海上保安庁、医療機関等との連携は、東京都のオリンピック・パラリンピック準備局を中心に、既に準備は始まっている。しかし具体的な訓練等は、これからである。

(3) NBCRに関しては、東京消防庁にも二つの専門部隊があり、もちろん警察や自衛隊にも同様の部隊がある。しかし組織の役割や目的が異なるため、効率的に配置できるかには疑問が残る。またサリン解毒剤の備蓄等に関しても、情報不足である。何れにしても異なる組織間の協力には、難しい面が多い。

(4) そこで各競技場内の警備に関しては、大会組織委員会内に、消防、警察、自衛隊、海上保安庁そして大会組織委員会が雇った民間警備会社等の関係者が集まり協力する場所が設けられる予定である。

(5) 消防、警察、民間警備会社、自治体等の持つ監視カメラは、それぞれ目的や用途、性能等に違いはあるが、その映像の全てが東京2020大会開催中には、大会組織委員会と東京都オリンピック・パラリンピック準備局が別々に立ち上げる情報を集約するための部署等に集まり、そこにいる全ての関係機関の人々が、一緒に共有できる方向で準備中である。

(6) しかし米国の各大都市の危機管理センターのように、ライブで見られるカメラが多く設置できるか、あるいは毒ガス等が撒かれた時に種類を判別できるセンサーまで張り巡らせられるかは、簡単ではないかもしれない。また消防と警察という目的の違う組織の協力は、米国や仏国でも腐心していて、これも東京2020大会までの重要課題である。

(7) 大会組織委員会、東京都、内閣府に、それぞれ指令室が置かれ、それぞれ競技場内、都内ソフト・ターゲット、全国ソフト・ターゲットの警備を担当する。しかしグレー・ゾーンも幾つかある。また、せっかく今までの日本になかった危機管理本部的なものを作るにも関わらず、東京2020大会終了後も永続するかは不明である。

(8) 東京2020大会の運営、テロ対策あるいは北朝鮮ミサイル対策等に関しては、内閣府の責任が非常に大きい。しかし今のところ、それらの準備が十分と言えない部分もあるように思われる。また内閣官房との役割分担も、明確とは言えない。少なくとも東京2020大会までには、それらの諸問題を解決する必要がある。

インタビュー④

セコム株式会社執行役員 杉本陽一 氏

【インタビューの目的】

２０１７年９月29日、セコム株式会社執行役員である杉本陽一氏に、東京２０２０オリンピック・パラリンピック競技大会（以下、東京２０２０大会）の警備とテロ対策に関してお話を伺った。東京２０２０大会の競技場の警備は、一義的には東京オリンピック・パラリンピック競技大会組織委員会（以下、大会組織委員会）に雇われた民間警備会社の役割だからである。

セコム株式会社 本社

【インタビューの内容】

1 民間警備会社の役割

吉川 宜しくお願い致します。まずは本当に基礎の部分というか、東京2020大会の競技場の警備と、セコム（以下、SECOMという）との関係についてご説明いただけますか。

杉本陽一 SECOMは東京2020大会のオフィシャル・パートナーになっています。オフィシャル・スポンサーやパートナーには、それぞれカテゴリーがあり、セコムはセキュリティ・サービスとプランニングです。その範囲の中で、東京2020大会の警備にあたっていくことが、基本になると思います。同じカテゴリーのパートナーに綜合警備保障株式会社（以下、ALSOKという）さんもいらっしゃいますから、同じ権利を両社が持っているということで、二社で協力して、色々なことを実施する形になると思います。

吉川 特にSECOMとALSOKとの住み分けはないのでしょうか。

杉本 オリンピック・パラリンピックのスポンサーシップやパートナーシップとは、オリンピック・パラリンピックを開催している時の、大会組織委員会の調達の優先供給権を有するというものですから、二社でそういう権利を行使することになります。

吉川 この競技場の警備は、どちらの会社が実施するか――などは、どのように決めるのでしょうか。

杉本　そういうのも全部含めて大会組織委員会マターです。ＳＥＣＯＭとＡＬＳＯＫだけでは1万4、000人と言われている警備員を確保するには無理もありますから、今オール・ジャパンで行おうとしているところです。ですから、どの競技場を、どの会社が警備するかというのも、全く白紙です。基本的には東京２０２０大会の警備は、オール・ジャパン体制で行っていくだろうと思います。

吉川　私の知人が中小の警備会社を経営しているのですけれども、ＳＥＣＯＭやＡＬＳＯＫと契約をして、お手伝いすることになるかな——とおっしゃっていますけれども。

杉本　それも、これから話し合いですね。オール・ジャパン体制で、どのような形で各競技場を警備するか——ということについても、これからの話し合いで決めていきます。

吉川　私が、２０１６年に書いた本の締めくくりの一つが、２０１６年の伊勢志摩サミットの警備に関してだったのですけれども、伊勢志摩サミットにしても、そして１９６４年に行われ

イベント警備（セコム株式会社提供）

た東京オリンピックにしても、それは外務省や大会組織委員会の行事であるので、会場を警備するのは、外務省や大会組織委員会の委託を受けたSECOMやALSOKなどである。そして警察は、その周りをサポートする――そういう住み分けのようなものがあるように聞いておりますけれども。

杉本 今おっしゃったのは、役割の切り分けですね。大会組織委員会が実質的に警備を行うとおっしゃっているのは各競技場――ベニューと言いますけれども、そのベニューのフェンスの内側は、大会組織委員会が行う自主警備という位置づけです。駅や人が集まる場所など、いわゆるソフト・ターゲットと言われる場所は、施設管理者や治安機関が、警備強化をすることになります。

2 民間警備会社と他の組織の役割分担

吉川 自主警備とは、SECOMやALSOKなどによるものですね。

杉本 先ほど申し上げたオール・ジャパン体制で警備をする場所は、大会組織委員会発注の自主警備に該当するところです。駅から会場に行くところまでは、今のところ切り分けがされていて、ここは東京都ないしは当該自治体や治安機関が、ご担当されると思います。競技場が40

会場ありますけれども、それぞれの自治体や治安機関が、個別に検討されていくのではないかと思います。ですから駅から会場までは誰がやるか。それは当然東京都だったら東京都が責任を持って警備を検討される。神奈川県だったら神奈川県になるのでしょう。現在どのような検討がなされているかは、私もよく存じ上げません。詳細は未定ではないでしょうか。

吉川 私もすでに色々と取材をしておりまして、大会組織委員会も少なくとも最寄り駅から競技場までの間というのは、テロだけではなくて事故や、競技場の中に何時どれくらいの人で満杯になるのかなど――そういうことも含めて最低限のウォッチはしておきたいという意向があるらしいです。それを、もし行うとしたら、SECOMも担当することになるのでしょうか。

杉本 そこを誰が警備を担うかについては、まだ明確に決まっていないのです。

吉川 ということは競技場の外であっても、最寄り駅から競技場の間の道路に関しては、部分的でも例えばSECOMやALSOKが警備を手伝うということは、ありうるのでしょうか。

杉本 未定だとしか言いようがありません。全く持って白紙です。

吉川 では競技場の中の警備に関しては。

杉本 先ほど申し上げたようにオール・ジャパン体制で実施する方針です。

吉川 具体的には、この会場にはこれくらいの人数で、とか。例えば。

杉本 警備計画は大会組織委員会が作るものですから、現時点では何ともお答えしようのないところです。どんな警備計画になるかということにつきましては、いま大会組織委員会で一生懸命作っていらっしゃるのではないでしょうか。現時点で私たちは把握していません。オリンピック・パラリンピックは、一般の警備とは全然違って、非常に大規模で組織的に、関係各所と連絡を取りながら動いていくもので、その中で私たちの会社は、オフィシャル・パートナーではありますけれども、実際にはオール・ジャパン体制の中の一員として、いくつかの競技場の警備を担当するとことになるであろう――と考えています。

吉川 大会組織委員会の警備関係の会議などに、出席されていらっしゃるのですか。

杉本 セキュリティ連絡調整会議には、出席しています。

吉川 そこで例えば出席された方が、意見を述べられたりすることはあるのですか。

杉本 活発な議論が取り行われているという風に感じています。

吉川 ただ、まとまるまでには、まだ時間がかかる、と。

杉本 そうなのでしょうね。競技場整備とか色々なものを含めて、全体的な観点から警備というものが決まっていきますから、大会組織委員会の警備局だけで、全てを決めていくということでは無いのだと思います。大会組織委員会の中での調整もあるでしょうし、また東京都との調整もあることかと思います。東京都知事は猪瀬さんから数えれば2回変わっていますが、やはり東京2020大会は都市開催――東京都が開催される大会なので、都知事のご方針を踏まえながら、一歩一歩進んでいくのだと思います。

3 セキュリティ技術の活用

吉川 仮にある競技場を、SECOMが任されたとして、それこそウェアラブル端末をつけた警備員の方を巡回させるとか、監視カメラを設置する。あるいは何か起きた時に、例えば毒ガスのようなものが撒かれた時に、これはこんなガスではないかとか分かるようなセンサーをつけておく。SECOMの持っている技術からすれば、そういうことも色々と、考えてはいらっしゃるわけですか。

杉本 そうした、どのようなシステムや装備で大会を警備するかということも、大会組織委員会マターです。

吉川 ただ、そう決まったとしたら、そういう技術は、もちろんSECOMはお持ちですよね。

杉本 私たちだけではなく、色々なスポンサーさん、パートナーさんがいらっしゃいますから。日本のメーカーさんでスポンサーやパートナーにおなりの会社も、それぞれのカテゴリーをお持ちなので、それぞれのメーカーさんが、それぞれのお持ちになっているカテゴリーの中で、こういうものを使おう――とお出しになってきます。最終的には、それらを最適な形で組み合わせて、大会に活用していくということになると思います。

吉川 これから大会組織委員会に決めて頂くとして、顔認証技術とか、やはりSECOMであれば日本一の物を持っているかと思うのですが。例えば米国なりインターポールなりからデータを提供してもらったテロ関係者と思われる人の顔認証を、競技場に入る段階からチェックするとか。

杉本 技術的には出来るのでしょうが、実際にやるかどうかというのは全く分かりません。先ほど申し上げましたスポンサーやパートナーになられているメーカーさんのカテゴリーも考慮にいれて、東京2020大会においては、顔認証については有効だと大会組織委員会がお認めになれば、実施される可能性もあると思います。

吉川 ロシアの警察や一部の日本の民間警備会社などは、事前にデータがなくても、歩き方や表情などで、この人は精神的に緊張している、テロを起こそうとしているのではないのか――などが分かるような技術ってお持ちだというような話も聞いたことがございますが。

杉本 そういうのを拝見したことがないので、何とも評価しがたいところがあります。とはいえ、やはり顔認証や生体認証などは、非常に大事な技術要素です。私は個人的には入ってくるのではないかと思います。

吉川 それが事前に登録したスタッフさんとか、そういう方だけになるのか。それともディズニー・ランドのように通しチケットで数日間、いくつかの競技を見られるというチケットを大会組織委員会としては考えられているようですけれども、それは米国のディズニー・ランドがそうであるように、確かに買った人が使っているということを認証するために、事前に指紋を登録してもらえないか——というような考え方もあるという風に聞いています。もしも、そういうことになった場合には、確かにその人ですということを認証するというのは、もし大会組織委員会からSECOMに依頼があればできる、と。

杉本 弊社でも指紋認証や静脈認証などは既に出入管理で、お客様にご提供させていただいております。こういう技術を活用することで、セキュリティのレベルが上がります。とても有用だと思いますよ。

吉川 では、もし大会組織委員会にSECOMが依頼されたとして、チケットを買ったお客さんの指紋を、警察が事前にこの人はテロを起こそうと思っているような人の指紋と、つき合わせたりするということはできますか。

杉本 今までは、そういった連携は、一回も行っていないです。ですから、どうなるか全く分からないところです。

吉川 それも、これから詰めていいのですね。

杉本 議論の俎上に乗るかどうかも、まだ分からないですよ。

吉川 あと、おそらくはプライバシーその他の問題もある。

杉本 おっしゃるとおりです。

吉川 法改正をしない限りは、実現できないのではないでしょうか。

杉本 だと思いますね。ですから今ご質問があったことについても、弊社としてお答えする立場にはないのです。

4　統合指令室の設置

吉川 監視カメラの映像は、どうなのでしょうか。例えば競技場内に監視カメラを御社が主として用意します。しかし別に治外法権ではないですから、警察や消防も監視カメラを設置したいとおっしゃられるかもしれない。逆に、もしも大会組織委員会が、やはり駅から競技場くらいまでの情報はほしいと言って、大会組織委員会に頼まれて御社も競技場外にも監視カメラを設置しました。しかし勿論、警察とか消防も設置しています。その映像をお互いに一か所で見られるようにする。米国などではそうしていますけれども、それは東京2020大会では、実現しそうでしょうか。

杉本　IOC（国際オリンピック委員会）が決めてらっしゃるオリンピック・パラリンピック・セキュリティの組織機構がありまして、その中に色々な映像を集めてきて見るのだという仕組みになっています。ですから今ご質問があったようなことというのは、その組織の中で、位置付けがなされているような方法だと思います。そこでは消防や警察、大会組織委員会が設置したカメラの映像を、統合して見るということになると思います。オリンピック・パラリンピックのための、そういう映像というのは、どこか一か所で集めていますから。これは東京2020大会だけではなくて、リオであろうが平昌であろうが、一緒ではないでしょうか。

吉川　それは大会組織委員会の中の警備部門が担当する？

杉本　IOCの求めに応じて作る大会組織委員会の中の警備部門でしょうね。

吉川　それはもしかしたら、消防と警察と民間企業とが、一か所で監視カメラの映像を見る、日本で初めてのことになるのかなと私は思うのですけれども。

杉本　そうかもしれませんね。同じ場所で…。それはあるかもしれないですね。

吉川 それは都庁や内閣府などにも、同じものは作られそうなのですかね。

杉本 そこはよく分からないですね。大会組織委員会に聞いていただくしかありません。

吉川 逆に大会組織委員会の、そういう映像が、都庁や内閣府に行くとか。

杉本 そこも全く持って、私は把握していません。大会組織委員会のことは、大会組織委員会に聞いていただくのが良いと思います。弊社としてお答えできるのは、東京2020大会の際には、日本のオール・ジャパン体制で警備を行います、その時に、その一員として弊社は、警備員を出していきますということです。申し訳ありませんが今の時点では、ここまでしかお答えできません。あとは色々なセンサーとかカメラとかに関しても、今お話しになったようなお話も、全て大会組織委員会が、最終的にお決めになっていく事柄です。

5 ソフト・ターゲットの問題

吉川 あとは、いわゆるソフト・ターゲット——競技場の外側であっても、例えば鉄道会社。東京メトロなどですね。そちらから東京2020大会の間だけでも、セキュリティを強化したいという依頼があれば、企業として応じる場合があるかもしれない?

杉本 それは当然そうなりますよね。東京2020大会の自主警備とは違いますから。

吉川　その時、さっきおっしゃられたオール・ジャパンというか、例えば駅の売店で働いている人にも、極端なことを言うとウェアラブル端末を付けて頂いて、駅の中で怪しいことが起こっていないか見るというようなことも、考えられるのでしょうか。

杉本　弊社ではソフト・ターゲットの警備は、すでにお客さんになっていられるところの重点警戒をするということで考えています。他で何かやるとかいう話——例えば駅で働いている人だとすれば、それは駅の施設管理者の方々が、まずお考えになられる話だと思います。

吉川　もし企業として依頼されたとしたら。

杉本　それはその時に、何がご提供できるかを考えてまいります。

吉川　あと飛行船も、飛ばされるのですよね。

杉本　過去のオリンピック・パラリンピックでは、飛行船が上がっていましたが、今回どうするかについては、これもまた大会組織委員会でお決めになることなのです。

吉川　毎年の東京マラソンや、２０１６年の伊勢志摩サミットの時なども…。

セコムの飛行船（セコム株式会社提供）

杉本 はい。東京マラソンの際は、東京マラソン財団がお決めになられたことなのです。そして伊勢志摩サミットの時は、地元の警察の方々がお決めになりました。ですから各々の警備主体の方々が作成される計画に基づいて、弊社は飛行船を出して上から監視させて頂きました。ただ弊社としても、そのようなシステムが、大規模イベントでの警備上、有効であることは認識しています。

吉川 その情報は警察に…。

杉本 大会主催者の方々が警察とは、密接に連絡を取り合われていました。

吉川 もしオリンピック・パラリンピックであるとしたら、大会組織委員会に映像を提供される。

杉本 はい。大会組織委員会にです。

吉川 飛行船であれば競技場だけではなくて、周りのソフト・ターゲットも映っていれば…。

杉本 何かあった時は、その画像を使える可能性はあります。

吉川 ドローンは、使われないのですか。

杉本 ドローンをどうするのかというのも、大会組織委員会に聞いていただくのがよいでしょう。繰り返しになりますが、残念ながら東京２０２０大会に関して言えば、お話し出来ることは今の段階ではあまりないのです。
吉川　確認なのですが、私の取材では伊勢志摩サミットの時、御社は飛行船を飛ばして、ドローンは警察や自治体が飛ばした形だったようですけれども。
杉本　係留型の飛行船は上げておりました。ドローンにつきましては、不審なドローンの探知をするシステムを提供させていただきました。基本的に今、ドローンを飛ばしていいところは、あまりないのではないかと思います。
吉川　ですからあの時は、三重県が特別な条例を作って、それに基づいて三重県警が行うという形にしました。あの時も、警察はオール・ジャパンだったようですけれども。
杉本　おっしゃるとおりサミットなどになると、オール・ジャパンになりますね。東京2020大会も、オール・ジャパンです。
吉川　東京2020大会は、サミットよりも規模も大きければ、動く人も多い。そうすると飛行船にしても、ドローンにしても、ソフト・ターゲット関係の方々にもウェアラブル端末を付けて頂くとか――そういうことも決めるのは大会組織委員会であったり…。
杉本　ソフト・ターゲットに該当する施設の管理者であったりですね。
吉川　もしも企業として、依頼があったとしたら御社であれば、そういう技術はお持ちということですね。

杉本　はい。東京マラソンしかり、箱根駅伝しかりですが、色々なイベントで色々な新しい仕組みを、実際使って改良を重ねていますので。

吉川　日本で一番素晴らしい技術と能力をお持ちのSECOMには、今後どう決まったとしても、最高の技術力で人々のセキュリティを守れるよう…。

杉本　頑張ってまいります。ご期待に添えますように全力を上げていきます。また確たることでもお話しできるようになりましたら、きちんとお話しいたします。

【インタビューのまとめ】

以上のインタビューから以下のことが読み取れる。以下の部分の文責の一切は吉川にある。

(1)　東京2020大会の警備に関する民間警備会社の役割は、主として大会組織委員会に頼まれて、競技場内の警備をオール・ジャパンで行うことにある。

(2)　しかしオール・ジャパンであるから、競技場内でも警察、消防と協力する可能性もあり、また競技場と近くの駅等との間の道路等も、同様になる可能性がある。その協力関係を調整するのが、大会組織委員会と東京都の役割である。

(3) 日本の警備会社が持つ顔認証や生体認証の技術は非常に優れており、それを駆使できれば、セキュリティの確度は非常に向上する。しかし通しチケット等に関係して事前に入場者の指紋を登録させ、それを事前にテロ容疑者の指紋と照合したりするには、法改正も必要で簡単ではない。何れにしても大会組織委員会が決めることである。

(4) 東京2020大会では、日本で初めて、関係する組織が運用する監視カメラの映像を、一か所で全員が見られるシステムが、IOCの規約により実現しそうである。しかし、それが都庁や内閣府等に送られるかも、今のところ分からない。これも大会組織委員会が決めることである。

(5) ソフト・ターゲットに関しても、運輸会社や百貨店等が、企業としてセキュリティ向上を依頼してくれれば、東京2020大会警備に関係する民間警備会社も、企業としてカメラ運用等を強化することはありうる。また大会組織委員会に依頼されて飛行船等を飛ばした場合、そこから送られて来た競技場外の映像を、ソフト・ターゲット防護に何らかの形で使える可能性もある。まさにオール・ジャパン体制である。

インタビュー⑤

内閣官房副長官補（事態対処・危機管理）付 岩下 剛 氏

【インタビューの目的】

２０１７年10月16日、内閣官房で東京２０２０オリンピック・パラリンピック競技大会（以下、東京２０２０大会）の警備を担当されている内閣官房副長官補（事態対処・危機管理）付の岩下剛氏にインタビューをお願いした。今までのインタビューの総決算である。今まで何度も別の取材で訪れた内閣官房の危機管理・事態対処室を訪問したのだが、私は長いインタビュー行脚の終点という意味で、２０１３年に書いた『９１１から３１１へ―日本版国土安全保障省設立の提言―』（近代消防社刊）の第3章「３１１とは何だったか？」

内閣官房と内閣府の入った庁舎の一つ

の最後に、トモダチ作戦最高責任者だったウィリアム・クロウ准将のインタビューのため、ノーフォーク海軍基地を訪れた時の既視感に襲われた。定刻より少し早く到着する。直ぐに会議室に案内して頂きインタビューが始まった。以下は、その記録である。

【インタビューの内容】

1　東京2020大会の警備を巡る人間関係

吉川　よろしくお願い致します。

岩下剛　よろしくお願いします。あなたが2016年に書かれた『日本はテロを阻止できるか?』(近代消防社刊)は、読みました。

吉川　ありがとうございます。さて最初の質問として、東京2020大会の警備に関し、内閣官房と内閣府は、どのような役割を果たしているかということなのですが、その前提として、岩下様の簡単なご略歴と、なぜ今の仕事をすることになったかを、お聞かせ頂ければ幸いと思います。

岩下　私は1992年に警察庁に入庁し、2002年のサッカー・ワールドカップ日韓共同大会の時に、警察庁に置かれた対策本部の一員として勤務しました。その後2008年、北海道洞爺湖サミットの時は、前年の2007年7月に発足しました警察庁北海道洞爺湖サミット警備対策委員会事務局の、事実上のリーダーをさせて頂きました。その時、たまたま下にいたのが山本将之で、8年後の伊勢志摩サミットで私の立場に立ちました。それで『日本はテロを阻止できるか？』で、あなたがインタビューされることになったのです。

ここに着任する前の前は、警察庁警護室長。これは総理の国内外での、警護を担当していまして、その時に1年間ほどカウンター・パートの警視庁警護課長が、いま東京オリンピック・パラリンピック競技大会組織委員会（以下、大会組織委員会）の警備に関わっている平林新一氏でした。

吉川 平林さんは今、大会組織委員会の警備担当理事と言うべき米村敏朗元警視総監と縁の深い方で、それで今の仕事をしているのですよね。さて、警察庁警護室長の後は。

岩下 2015年3月に公安部参事官として、警視庁に既にあったオリンピック・パラリンピック競技大会総合対策本部の副本部長になりました。

吉川 いま堀内様がやってらっしゃる。もうインタビューさせて頂きました。

岩下 堀内の前任が私です。本部長が副総監でして、サイバーや人身安全、犯罪抑止等の部横断的な事務に関する組織の本部長を、すべて副総監がやっています。事実上、東京2020大会の警備関係は、副本部長が行うようになっていました。

吉川　東京消防庁も、似たような組織になっているようですし、大会組織委員会も、似た感じですよね。米村理事が総合調整を行なって、その下に今井勝典警備局長がいて。

岩下　大会組織委員会の今井警備局長は、まさに大会のセキュリティ担当ですけれども、警視庁の場合は、交通対策や遺失物あるいは亡命者――あらゆる東京2020大会関係の警察事象を行います。警備部や公安部のみならず交通部や組織犯罪対策部――すべてを束ねる形になっています。大会組織委員会は、大会開催運営に絞られていますが、警視庁の場合は、東京都全体の治安等もカバーしているので、少し違います。

2　内閣官房と内閣府の関係

吉川　そして堀内様は、今は内閣府の参事官と内閣官房の官房副長官補を兼任されている。

岩下　いえ。私は内閣府の身分は持っていないです。

吉川　内閣官房の参事官。

岩下　はい。以前は内閣府と内閣官房は、渾然一体として兼務者も多くいました。でも基本は、内閣官房と内閣府は別物です。内閣官房が内閣の元で事務を所掌するのですが、内閣府は内閣の事務を助けると設置法に書いてあります。そういう形で、少し似て非なるものになっています。東京２０２０大会等のセキュリティについては、内閣官房に設置されたセキュリティ幹事会という会議が担っています。

内閣府には基本的には束ねる役割はなく、内閣府の中に防災担当があり、そこが自然災害の政府全体の取りまとめをしているので、東京２０２０大会を巡る自然災害対策の役割を担っています。東京２０２０大会の政府のセキュリティに関する組織等に関する書類に、関係する幹事会やワーキング・チームの構成員の職名が書かれているので参考にしてください。

このように内閣府は、セキュリティ幹事会の一員として、防災担当の政策統括官という局長職の方が入っています。テロ等警備対策ワーキング・チームの一員として、防災担当の審議官等が入っています。あくまで自然災害対策だけで、取りまとめは内閣官房で庶務を担わせてもらっています。

吉川　東京消防庁や大会組織委員会関係者の一部も、内閣府が今の段階では動いているよう思っているようですが。

岩下　それは内閣府別館というビルに、私や他のスタッフがいたりするので、混同されているのでは。私は内閣府の肩書きは、一切持っていない内閣官房職員です。

吉川　『日本はテロを阻止できるか？』を読んでくださったのであればご理解頂けると思いますが、私の認識では内閣官房というのは調整所。それに対して実際に何か仕事をするのは内閣府のはずなので、例えばこの危機管理監室とかＮＳＣも、可能なら内閣府に移す方が良いと考えているのですが。

岩下　内閣府には色々と固有の事務があります。内閣官房には固有の事務がなく、内閣の重要政策に関する基本的な方針に関する企画の立案、総合調整と内閣法に書いてあります。要するに何だって出来ます。ただ私の今いる事態対処、危機管理という部分は、昔は安全保障・危機管理室と言っていました。この部分は旧前より内閣官房の中にあり、危機管理は全ての省庁に関わります。その調整を内閣官房の総合調整事務という形で発揮しています。現状では

日本の危機管理の現実

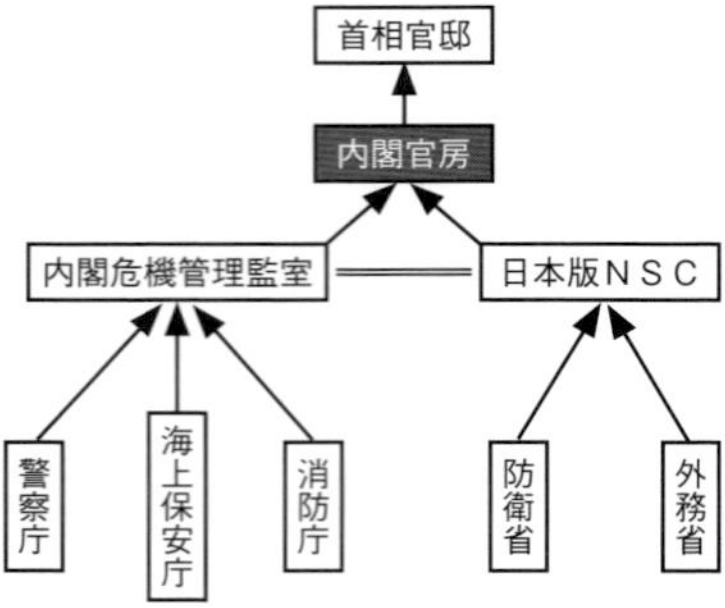

省庁内部の決定に政治家が影響されて縦割りの弊害が発生

特に不都合もありません。

吉川 ただ内閣官房は、各省庁からの出向で来た方が何年かいて、また戻られる。そういうことではなく、プロパーで例えば防災なり経済なりの専門家を育てようということで、内閣府を作った筈です。それを考えると、テロ対策等を恒常的に行っている場所が、内閣府にあっても良い。各省庁を横から内閣府が持っている勧告権を使って、横串を刺していくのが良いのでは。

岩下 なるほど。内閣官房固有の職員は、一部の例外的な人を別にすれば、殆どいません。私がいる危機管理・事態対処室は、全員が親元を持った職員です。そういう意味では、内閣官房プロパーではありません。

吉川 ただ確かに今の制度では、仮にテロ対策部み

筆者の考える日本の危機管理の理想

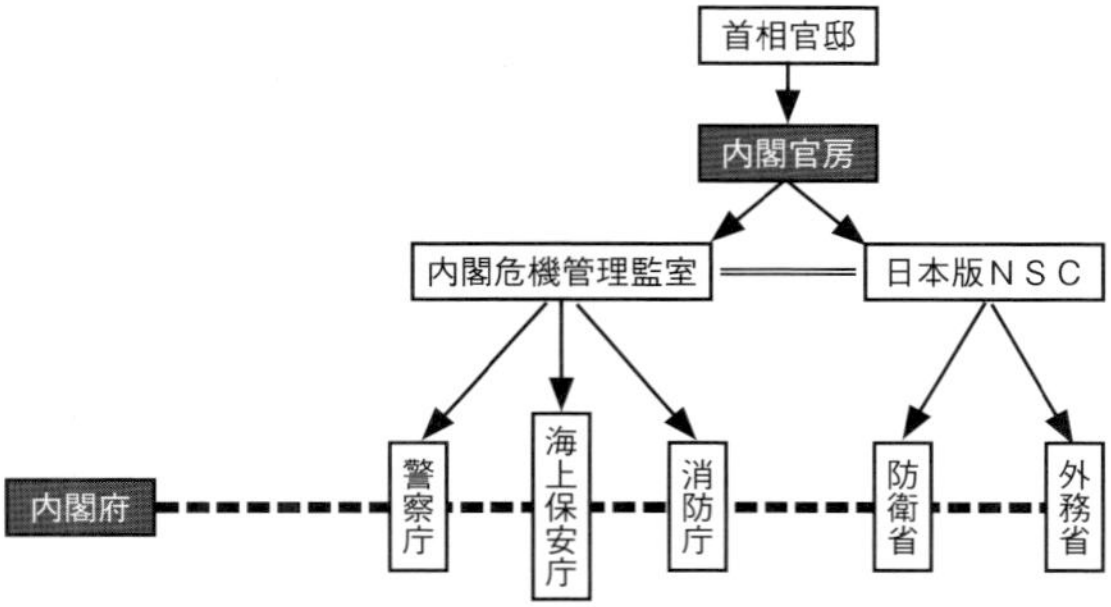

政治家の上からの指導と内閣府の横からの調整による省庁縦割りの弊害の除去

たいな部署を内閣府に作っても、担当大臣がいて総理直結ではない。それに対し内閣官房であれば、内閣官房長官はいても、それは総理を補佐するだけで、内閣官房は総理直結に近い。そういう意味で危機管理監室やNSC、テロ対策が、現状で内閣官房にあるのは確かに私も、これでいいのかなとは思っているのです。

岩下 政府全体としての危機管理があります。例えば北朝鮮がミサイルを発射した時も、私は担当ではありませんが、官邸危機管理センターに毎回入ります。サイバー・テロが起きた時には、このビルの真ん中辺にいるNISCの担当者達が中心になって対応しますが、私たち危機管理・事態対処室もNSCも協力します。すべて総理に直結しています。今のところ機能していると、自画自賛しています。

吉川 あと危機管理・事態対処室は、20年以上の組織としての蓄積がありますし、NSCも縦の省庁とのコミュニケーションは、むしろ内閣府よりうまくいっているという話も、あちこちで聞きます。それは人材の問題なのでは。

岩下 おっしゃるとおりだと思います。

吉川 内閣府は本当に気の毒だけれども、人材的な問題があるかなと思います。だから私は逆に、内閣府と内閣官房で、同じようなことを行っているポストを、一人の人が兼任するというのが、行革にもなれば、縦の調整も横の調整も同時に出来るので、ベターではないかと思っていたのですが、最近は、それを減らしていっているのですか。

岩下 内閣府の最近の状況はよくわかりませんが、テロの未然防止対策についても、仮に発生した場合の政府の対応についても、基本的には内閣官房は内閣府と一緒に行っていないです。内閣府がいないから、例えば外務省や警察庁との調整が、うまくいっていないというわけでもありません。

吉川 ただ東京2020大会を開催している最中は、総理直結の内閣官房がすべて取り仕切るとして、これから3年弱の間の色々な準備として、各省庁の横の連絡を取らせるのは、内閣府の方に、そういう本部があってもいいのでは。そういうご予定は。

岩下 ないですね。私共のセキュリティ幹事会という枠組みで、ブレイク・ダウンするところは課長補佐級までブレイク・ダウンして、横の連携も内閣官房の立場で調整させて頂いています。それで現状機能していると考えています。今後、内閣府にお助け頂くとは、考えてはいません。

吉川 東京2020大会までの準備に関しても。

岩下 そうです。もう準備はとっくに始まっています。もちろん直前になると、事務量は今の何倍、何十倍になるかもしれませんが。

吉川　そうなると内閣府にも、手伝ってもらう必要が出てくるのでは。

岩下　現状においては、セキュリティ幹事会の枠組みで、何とか回せると思っています。

3　内閣官房内の諸幹事会

吉川　セキュリティ幹事会というのは、他の国際テロ対策幹事会とか水際対策幹事会とか国際テロ情報収集・集約幹事会とかと、横並びのものと考えて良いのでしょうか。

岩下　国際テロ対策幹事会とは、よく似ています。同じく危機管理監がトップです。名前は座長と主宰と変わっていますが、基本的に危機管理監の下で、メンバーも大分重なっています。ただセキュリティ幹事会は、大会組織委員会や東京消防庁、警視庁も入っているという若干の違いがあります。

吉川　水際対策幹事会には、逆に入国管理局等も入っている。

岩下　入国管理局も全てに入っています。セキュリティ幹事会、国際テロ対策幹事会にも入っています。水際対策は、水際危機管理チームと称し、これは危機管理監より少し低い危機管理審議官がトップです。

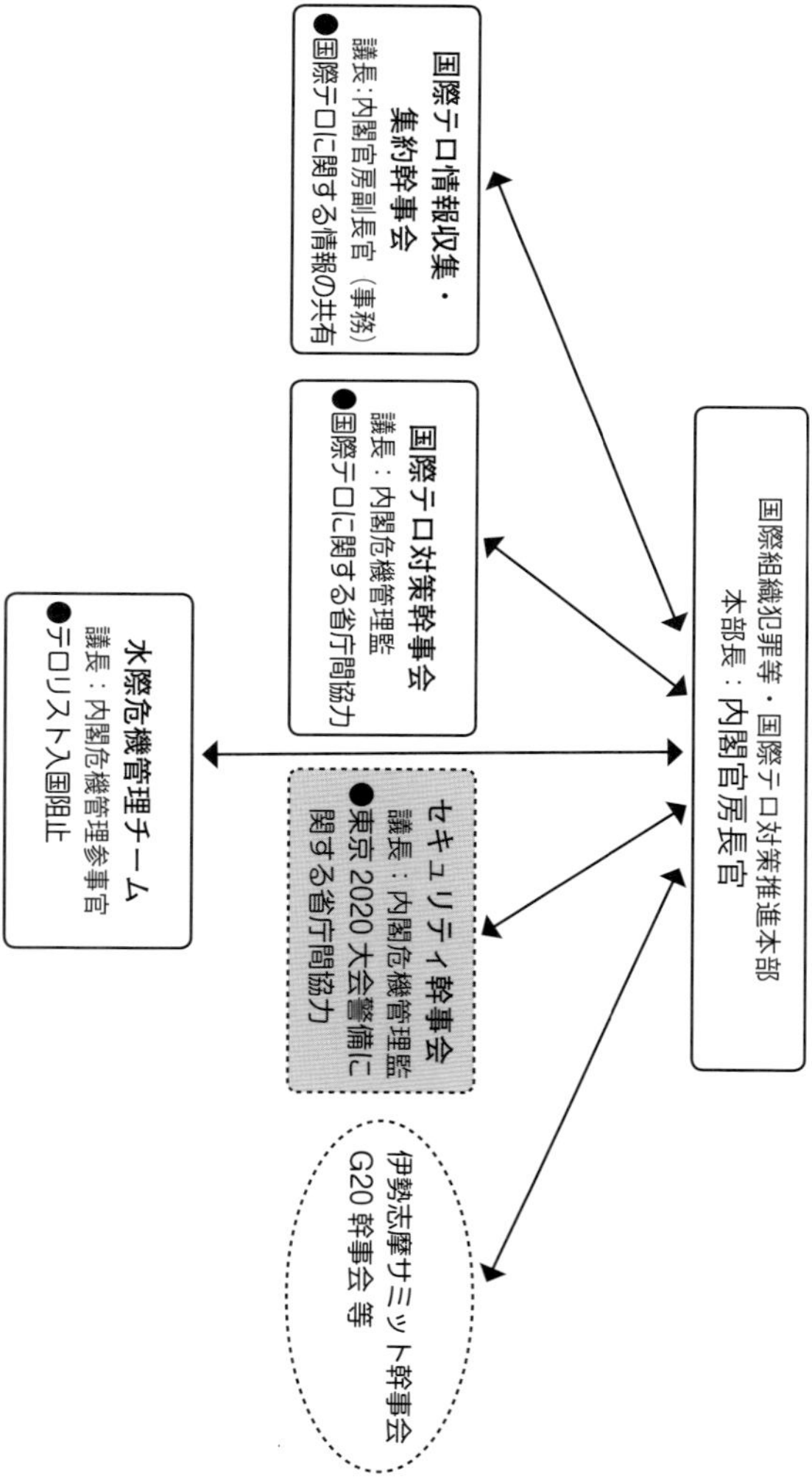
国際組織犯罪等・国際テロ対策推進本部
本部長：内閣官房長官
国際テロ情報収集・集約幹事会
議長：内閣官房副長官（事務）
●国際テロに関する情報の共有
国際テロ対策幹事会
議長：内閣危機管理監
●国際テロに関する省庁間協力
セキュリティ幹事会
議長：内閣危機管理監
●東京2020大会警備に関する省庁間協力
伊勢志摩サミット幹事会
G20幹事会 等
水際危機管理チーム
議長：内閣危機管理参事官
●テロリスト入国阻止

吉川　国際テロ情報収集・集約幹事会は、内閣官房副長官が…。

岩下　あれは外務省にあるユニットが、何を収集するかを要求する機関ですよね。

吉川　ただ同じように内閣官房にあり、他の省庁を束ねるという意味では、同じような幹事会では。

岩下　レベルも同じで、枠組みこそ違いますが、セキュリティ幹事会は、基本的に東京2020大会が終われば解散するものです。既存の国際テロ対策幹事会は、国際テロだけですが、セキュリティ幹事会は、東京2020大会のセキュリティ全般について、サイバーも含めて東京都、大会組織委員会、東京消防庁、警視庁も合わせて協議しています。そういった大会組織委員会や東京都あるいは警視庁といった、日頃は国の機関と常に接しないような人も入れて協議するために、セキュリティ幹事会の看板を使わせて頂いていることは、非常に意義があります。既存の国際テロ対策幹事会があるから、セキュリティ幹事会は屋上屋じゃないかと言う方もなくはありません。しかし非常に似て非なるものです。

吉川　あくまでも東京2020大会が対象。

岩下　そのとおりです。2019年のラグビー・ワールドカップも片隅には入っています。

吉川　G20も。

岩下 2019年にG20があると聞いています。そこは別の枠組みが出来るのではないでしょうか。

吉川 外務省が主催する。

岩下 やはり国際会議と国際競技大会は、性質が違います。そういう意味では、並列するのではないかと思います。伊勢志摩サミットの時も、似たようなセキュリティの枠組みがありました。それがサミット終了後に解散しましたが、あった時にも並列してセキュリティ幹事会はありました。2014年からありますから。伊勢志摩対応が消えました。またG20対応の組織が出来る。それはG20と共に消える。そういう感じになると思います。

4 セキュリティ調整センターとセキュリティ情報センター

吉川 東京2020大会を開催している最中は、セキュリティ調整センター等が出来るのですよね。

岩下 もう打ち出してあります、構想は。まだ設計中ですが、一応大会期間中にセキュリティ調整センター（仮称）を設置すると、今は書いています。ただ聖火リレーの時も47都道府県を全部回ります。各々のソフト・ターゲット対策に甘い点があれば、聖火を巡ってテロや不法行為が発生する恐れがあります。政府としても大会が守れれば、仮に九州で聖火のリレーの時に、ソフト・ターゲットがやられても、関係ないという立場はとれません。場合によりセキュリティ調整センターは、聖火リレーのスタートと共に設置しなければならないのではないかと思います。

吉川　それは警察庁の中に作られるのですか。

岩下　いえ、内閣官房です。

吉川　警察庁の中にも同じようなものが…。

岩下　名前は似ていますが、セキュリティ情報センターです。これは大会の安全に関する情報を広く収集、集約し、これを分析して評価します。合わせて外国の治安情報機関と連携する役割を担います。これは2015年にセキュリティ幹事会の場で、2017年7月を目途に警察庁に置くという合意をした。それで2017年7月に警察庁に設置されました。

吉川　もう出来ているのですね。

岩下　出来ています。IOC（国際オリンピック委員会）に言われて作っているのです。マスター・スケジュールというものに記載があります。

吉川　内閣官房に置かれる予定のセキュリティ調整センターとは別物なのですね。役割分担は？

岩下 情報の収集、集約、分析が、セキュリティ情報センターです。

セキュリティ調整センターは、異なる省庁間の活動調整です。セキュリティ情報センターの一番のユーザーは、セキュリティ調整センターと思っています。セキュリティ情報センターをはじめとする各省庁から内閣官房に集まった情報の共有を、セキュリティ調整センターで行おうと考えています。

5 都政を巡る諸問題

吉川 都庁にも似たものが出来るという話があるようですが。

岩下 出来るでしょうね。

吉川 デリケートな話ですが、誰が悪いわけではないとして、過去数年間に都知事が何度も変わった関係で、国や大会組織委員会に比べると、東京都の準備が遅れ気味だと、あちこちで聞くことがあるのですが。

岩下 豊洲の移転等の問題で、都としての物事が遅れているという印象が、メディアで露出している感はあります。とにかく巨大官庁で、私共が3人くらいで協議に行くと向こうは、20人くらい出てくる。非常に細分化された役割が定められていて、それぞれのセクションで行うべきことは行っていると感じています。ただ、おしゃるような横串を刺した上での、東京都としての総合の成果物の出が、遅くなっていることはあるかもしれません。

吉川 東京都が全体的な警備計画を出すのは、2017年末を目指しているみたいですけれども。そのあとくらいに東京都の、情報セキュリティ・センターみたいなのが出来るのでは。

岩下 例えば消防の話をしますと、やはり警察庁と警視庁、神奈川県警との関係と、総務省消防庁と東京消防庁、横浜市消防局の関係は全然違います。

東京都に消防の話をしに行くと保健部局総出で来まして、東京消防庁の方もお越しになられましたが。でも総務省消防庁に声をかけても、ちょっと私たちは遠慮しますという感じなのです。警察庁に行くと警視庁と大分伝わるものがありますけれども、東京消防庁に何かお願いしようと思ったら、直接に行かないといけない。総務省消防庁経由では伝わりにくいと感じています。

吉川 311（東日本大震災）の時がそうでしたが、総務省消防庁経由だと、むしろ横浜市消防局などに直接働きかけた方が動きが早い。そういうところへの要請は、311の時も、片山善博総務大臣が行ないました。東京消防庁はあまりにも大きすぎて、やはり国の機関に準じます。311の時も東京消防庁だけは、当時の菅直人総理から要請しました。

いずれにしても東京都全体の、個々の部分の色々な準備や計画は進んでいるとして、最終的に取りまとめる決定が、あまりにも都知事が次々変わったので、遅れ気味かもしれませんが、選挙（2017年10月22日の第48回衆議院選挙）が終わって落ち着けば、まとまる感じなのですか。

岩下 セキュリティに関して言うと、東京消防庁も知事が誰であろうが準備は進んでいます。警視庁も同じです。そういう意味では心配はしていません。セキュリティに直結はしませんが、輸送の安全もありますし、定時制の確保みたいなところが非常に重要になります。ここは東京都の役割も大きいです。

吉川 警視庁と東京消防庁は名目上、東京都のものですから、やはり東京都が、本来は協力の間に入るべきですよね。

だから東京都にも、オリンピック・パラリンピック準備局の中の災害対策本部が、テロの問題も行うようです。でも

東京都本庁舎（第一本庁舎）

２０１７年末くらいまでは、警備計画の全体像が出来ないような話も聞いています。

岩下　私が警視庁にいた時に、オリンピック・パラリンピック準備局の次長が、週一くらいで警視庁にお越し頂いて、色々な意見交換もしました。イベント警備は、彼らも東京マラソンなどを仕切っていますので、ノウハウはあります。

６　競技場警備の問題

吉川　その関係で次の質問が、競技場の警備。これは本来、大会組織委員会がやるべきものですよね。

岩下　基本的には、そうです。

吉川　岩下さんの目から見て今この大会組織委員会、民間警備会社、警視庁、東京消防庁、自衛隊等の協力関係は、どこが上手くいっているとか、どこがもう少し頑張ってほしいとか、ありますか。

岩下　今のところ大会組織委員会と民間警備会社は、基本的には一体で、大会組織委員会のスポンサーに２０１５年に入ったＳＥＣＯＭとＡＬＳＯＫが、それぞれ単独では賄いきれないので、ジョイント・ベンチャーを組むことに合意しました。設立はこれからだそうですが。ご案内のとおり、民間警備員が直前になって不足して、緊急手当てをしたというのが、リオとロンドンでありました。そうならないように大会組織委員会の主導で、メガ警備会社二社が組みました。その二社を筆頭とするジョイント・ベンチャーたる民間警備会社の集合体を、大会組織委員会が雇用して警備します。この大会組織委員会と民間警備会社は、一体と思っています。つまり競技場の中は大会組織委員会並びに民間警備会社。その外側は公共の安全の維持で警視庁。では中に警察がいなくて良いかというと、そうではありません。不法行為があるかもしれません。

吉川 民間の警備会社には逮捕権もない。

岩下 自主警備の警備本部と警視庁あるいは神奈川県警の警備本部というのは隣接するとか、あるいは一体となるとかで、横の連携が迅速に取れる位置関係にあります。大会組織委員会の警備局が、民間警備会社を指揮するのでしょう。しかし東京の競技場を守る民間警備会社を仕切る人間は、警視庁からの出向者だろうし、神奈川の江の島にいる人は、たぶん神奈川県警の人でしょう。そこが警視庁、神奈川県警の立場として、外周等の警備を担当する同僚と横の連携を組み、そこに大きな齟齬は生じないと考えています。全体的役割分担を内閣官房も入りながら、警察庁と大会組織委員会で住み分けをする。それで過不足なく警備が出来ると考えています。

吉川　消防は？

岩下　消防は基本的に警戒警備をするものではなく、緊急の場合の救助や火災の消火が役割です。過去のサミットでもサッカーでも連携して待機場所を作り、対応できるようにしています。基本的に問題ないと思います。

吉川　ただ911テロ事件の時も、警察はテロが起きたら犯人逮捕のための証拠を集めたい、消防は人命救助が最優先。そういうところで色々、警察と消防が一緒に活動するのは難しい。これから3年弱の間に、色々なプランも立てて、何度も訓練する必要があるのでは。

岩下　おっしゃるとおりです。NBCRテロが発生した場合の対応マニュアルもありますが、これを本当に現場の方々が把握しているかも、しっかり検証します。最終的には2018年の1月末に政府と東京都と新宿区で主催して、国民保護訓練を実施します。シナリオ上は、新宿駅とか色々な場所がターゲットになるのですが、今回は東京体育館で競技中にテロが発生した訓練を、たぶん初めて東京2020大会を踏まえて行います。

東京2020大会の競技場を舞台とした政府主催の国民保護訓練の例は、過去にもあります。しかし東京2020大会とラグビー・ワールドカップを意識した訓練は、2017年度からです。

東京体育館が舞台となる東京都の訓練は、2017年度の3番目になります。厳密に言えば、さいたまスーパー・アリーナと千葉幕張メッセでの訓練が、東京体育館の訓練よりも先に行われます。どれも、まだ行われていませんが。

何れにしても政府が主催して、東京2020大会の競技場で大掛かりな訓練を行うのは、それが初めてだと思います。

吉川 実際に行うは、初めてなのですが。

岩下 はい。政府が主催するのは、初めてです。

吉川 今まで図上訓練は、大体が国立代々木競技場をモデルに実施してきたのではないのですか。

岩下 今まで政府が絡んだものはないのでは。

吉川 では警視庁なり東京消防庁なりということですね。あるいは大会組織委員会。

岩下 草の根レベルというか、地方レベルでは武道館とか、もうすでに実施されています。ご指摘のような問題点を発見するためにも、訓練は継続してやるべきだと思います。

吉川 そして特にＮＢＣＲになってくると、自衛隊も必要になる。

岩下 現状、大会組織委員会に自衛隊の人間がいないと聞いています。海上保安庁や消防、警察の人間は、大会組織委員会にたくさん入っていますが。将来的に大会組織委員会が広がっていく中で、自衛隊は、自衛隊法にも書いてありますけれども、セキュリティのみならず儀典だとか輸送だとか色々な役割があります。

吉川　都庁のオリンピック・パラリンピック準備局にも、自衛隊関係者はいなくて、ただ他に総合防災部等で自衛官の方が入っているので、そういう形で協力するということみたいです。

岩下　なるほど。

吉川　では岩下様の目から見ると、競技場の警備に関しては、ほぼ順調に進んでいる、と。

岩下　実績どおりにやって頂けると思っています。新しく作るものについては、まだ見えてこないのですが——新国立競技場とか。そういったところも自主警備と警察警備が、不都合なく出来るように、無線の設備や警備拠点等も、設計に落ちていると推察します。そういうのが今までどおり進めば、いかなる大きな規模の競技大会でも、円滑な連携を確保できると思います。

7　入場チェックの問題

吉川　実態として民間警備会社が行うのでしょうが、競技場へ入る人のチェック。例えば私の『日本はテロを阻止できるか?』の中で、山本将之さんがおっしゃっているのですが、いくつかの競技場を見て回れるようなチケットを買った人が入場する際に、本人かどうかを見分けるために、指紋を登録させることを米国のディズニー・ランドで行っていて、そういうことも東京2020大会で考えられるかもしれない。その場合、そういう指紋や何かも事前に警察が分かっていれば、これはテロ容疑者だ——と事前に分かることも出来る。法改正は必要でしょうが、そういうことは考えられますか。

岩下 チケットがどうなるかは、大会組織委員会も検討中と思うのですが、2014年ソチ・オリンピックではスペクテイターズ・パスと称し、観戦者も顔写真付きのパスが必要でした。オリンピック・パラリンピックは商業大会です。チケットは転売できないとあまり売れません。確実に行ける人しか買えなくなってしまいます。それは興行としては良くないので、顔写真付きには、今までしていませんでした。ただ情勢が今後3年間で、どうなるか。そうした興行性の不都合を度外視してでも、セキュリティを確保しなくてはならなくなるのか。

吉川 指紋ではなく、顔写真でも今の技術であれば、顔認証で分かりますよね。

岩下 抵抗は指紋よりも少ないと思います。実証実験も大会組織委員会が重ねていると承知しています。

8　ラスト・マイルの問題

吉川　競技場は主として大会組織委員会と雇った警備会社が守る。競技場の外側は東京都なり神奈川県なりが守る。しかしラスト・マイルというところが問題になっているようですが。

岩下　私が承知しているラスト・マイルとは、観客が最終的に競技場に入るまでの道のりということで、最寄り駅からとか。例えば最寄り駅が遠かったり、例えば海の森水上競技場、あるいは霞ヶ関カンツリー倶楽部とか――そういう場合は、シャトル・バスで運ばなければならないというような議論が、今後出るのではないでしょうか。

吉川　観客を？

岩下　はい。それを誰がやるという結論が出ていません。それを行うのは大会組織委員会か自治体しかいません。そこで結論が出ていません。いずれにしてもラスト・マイルの部分は誰だって行けます。やはり自治体または大会組織委員会の自主警備と警察警備との連携が、重要だと思います。これは交通整理も同様です。

吉川　その連携の準備に関しては。

岩下　現状、私が承知しているのは、大会組織委員会と警視庁あるいは東京消防庁等と、この競技場については、どのルートが一番観客を安全に運べるかを、現場を踏みながら決定しています。大会関係者や選手は、ここで入れましょう、とか。観客の方々は、この駅から、こう入れましょう、とか。ここにPSAと称するセキュリティ・チェックのブースを置きましょう、というような協議です。ここに内閣官房は入っていないのですが、現場レベルで行っていると思います。

吉川 そうするとケース・バイ・ケースというか、競技場と最寄りの交通機関と、そこの自治体によって違って来る。

岩下 そう思います。

吉川 ただ、やはり警察と民間警備会社が協力していると、もし何かがあった時に、また消防が助けに来た時の協力というのは、更に難しくなるのでは。

岩下 おそらく今後たくさん訓練を行う中で、ご指摘頂いたようにラスト・マイルの部分でソフト・ターゲット・テロというか、トラックが歩行者に突っ込んだみたいな想定の自主警備と警察と消防と、それがNBCRテロであれば自衛隊も含めた政府のアセットを、どう投入するのかという点についても、しっかり訓練をしなければいけません。

吉川 それは、これからというわけですね。

岩下 はい。

9　ソフト・ターゲットの問題

吉川　では次の質問。これが一番岩下様のご担当かなと私は思うのですが、全国のソフト・ターゲット。先ほどおっしゃられた聖火リレーだけではなく、東京2020大会を開催している最中に、競技場がない自治体で爆弾を爆発させたりするだけで、国際テロ集団にとっては手柄になります。それを防止するのが岩下様の一番の使命かなと私は見ているのですが。

岩下　ソフト・ターゲットの警備の一番重要なのは、管理者と警察と消防かなと思います。管理者に対しては、兼ねてよりソフト・ターゲット対策について警察、消防あるいは入国管理局とか税関も含め、どのような方策が出来て、どのような効果があったか――というのは常に私共ベスト・プラクティスと称し、良い実例をどんどん刈り取って、半期に一度くらい、各省から良い実例を回収して共有しています。

吉川　それですよね。内閣危機管理監室やNSCが、内閣府より上手くやってらっしゃるのは。そういう蓄積がありますから。

岩下　それをフィードバックすると各省も対応を変えます。例えば警察の取組は、警察しかやらないわけでは必ずしもない。例えば警察のテロ対策で、ホテル業者に対して硝酸の匂いを嗅いでもらって、これが爆弾の原材料の匂いです。こういった匂いを発見したら躊躇せず通報してください――というような管理者対策をしています。

吉川　管理者というのはホテルやデパート、鉄道会社などですね。

岩下　鉄道会社は基本的に国土交通省が許認可に基づいてきちんとやっておられます。警察が最も日常的に対応しているのが、ホテルや遊園地、映画館といった施設です。そこでの警察の経験を、いい例だということで、国土交通省がＪＲ東日本等の公共輸送機関との毎日の色々なやり取りの中で、事業者に硝酸の匂い云々とか警察の取組を広げて頂くことにより、少しずつ日本のテロ対策体制が整って行きます。

内閣官房を中心とした情報共有

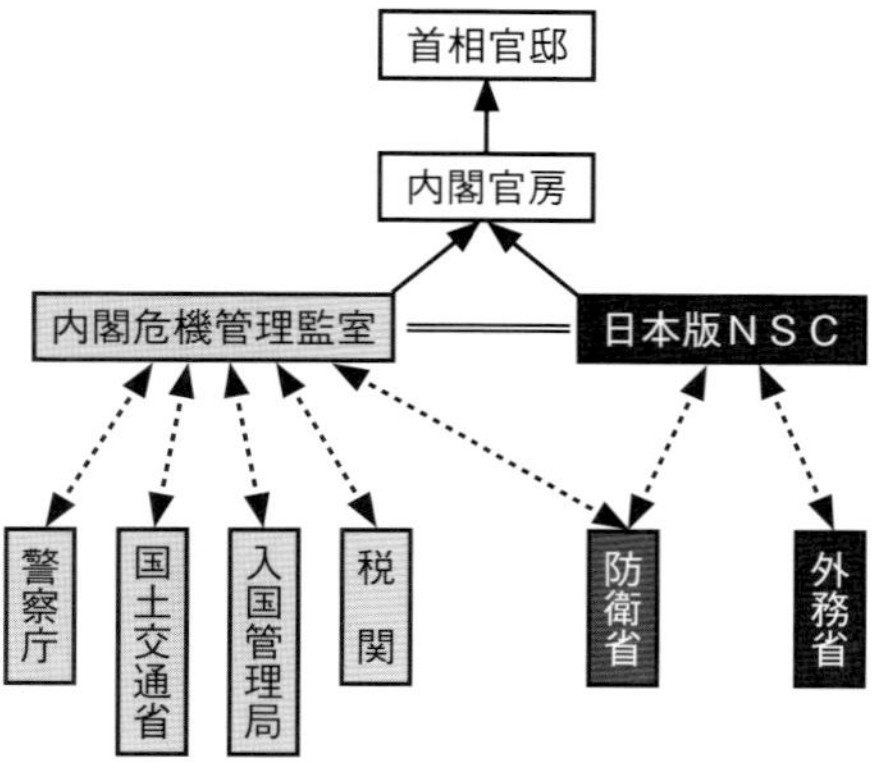

10　監視カメラの問題

吉川　ホテルにしてもデパートにしても鉄道事業者にしても、東京２０２０大会の競技場を警備するような大手の民間警備会社と契約するなり、自分で運用するなりで、防犯カメラとか色々なものを付けていると思います。それを、どれくらい東京2020大会の間だけでも、国に協力的につなげてもらうか。

岩下　良い事例として、東京メトロはたくさんのカメラを設置していますが、メトロからの判断で警視庁の方に、ライブで流すことが出来ます。

吉川　ライブで見られるのですか。

岩下　はい。私が聞いているのはメトロの判断で、この映像とこの映像を警視庁に流そうというものです。警視庁が見に行くのではありません。このカメラ映像等を警視庁の総合警備本部に送れるそうなのです。それにより警視庁の警察官の現場到着が早くなったり、事後捜査にも使えます。これをゆりかもめとかに拡大しようという動きを警視庁は行っています。

吉川　それは東京2020大会と関係なくですか。

岩下　東京2020大会までにやろうとしています。セキュリティ・レガシーとして1964年の東京オリンピックの時には、街灯がたくさんつきました。勿論ハード・レガシーとしての新幹線、地下鉄の日比谷線や浅草線等もあります。この成熟都市東京では、こうしたカメラ映像を伝送することが、セキュリティ・レベルでのレガシーになります。

吉川　鉄道だけではなく、ホテルや百貨店については。

岩下　大事なことだと思いますが、画像を保存して頂いて後から閲覧するしか出来ていないのが事実です。

吉川　東京２０２０大会までの間に、何とかライブで見られるように協力頂くお考えはないのですか。

岩下　今のところ、そこが目標だということで動いている部分は、ないです。

吉川　今後、考えられるかもしれない。

岩下　鉄道の例が成功して、非常に有益だと訴えることが出来れば、そこを違う形で展開することも、考えなければいけないと思います。

11　NBCRの問題

吉川　カメラだけではなく、例えば毒ガスが巻かれました。どの種類の毒ガスか、サリンかＶＸか――そういうことが分かるセンサーというのは。

岩下　最近、止血対応の器具を救命の器具と並べて置いて、仮に爆弾テロがあった場合、亡くなる可能性は一番高いのは失血死でから、医師、看護師等が使えるようにするという動きは、医療関係者が提案して進んでいると聞いています。検知器に類するものを街中に設置して、それが使えるようにという議論は、今のところは出てきてないです。

吉川　消防としては、自分たちが駆けつける時に、どういう毒ガスが使われたか分かっていれば、ありがたいというのはあるようですが。

岩下　一応警察、消防が検知を行うことになっていますが、その前段で分かれば救助が著しく早くなります。

吉川　いずれにしても東京都内だけではなく全国的に、もしテロがあった時に、警察と消防が911事件の時のような行き違いがなく、多くの人命を救助し、かつ犯人を逮捕できるような訓練を、これから行っていかないといけないと思うのですが。

岩下　東京2020大会を想定したものではなく、地下鉄サリン事件のような化学テロやバイオ・テロが起きた時の訓練は、意外とやっているのですが、対処の部分において、もっと検証して改善しなければならないと痛切に思います。そこは医療関係者の方々の意見も聞きながら。

やはりNBCRテロは、地下鉄サリン事件以降は基本的に日本でも発生していませんし、世界的に見て特殊な地域でしかサリン類似の事案は、少ないのです。そこで救助の成功例に学んだりは、なかなか出来ていないのです。

12 自治体や民間との協力の限界

吉川 ＮＢＣＲテロに限らず、車が突っ込んだとかでも、警察と消防の組織の目的の違いのため、救命が遅れることがないように、全国的に訓練しなければいけないのでは。

岩下 テロ等発生時の救護体制は、一早く横串のチームを立ち上げて警察、消防、自衛隊それから厚生労働省が入り、何をすべきか、何が課題かから洗い出しています。

吉川 その横串の組織というのは？

岩下 私共のセキュリティ幹事会の枠組みです。

吉川 それが全国的に広がっていく、と。

岩下 取組自体は中央で検討を進めるのですが、そこでの成果物を各省として全国に広めていきます。まず東京で実行しなければいけません。

吉川 東京であれ地方都市であれ、普通の歩行者天国等に定点カメラを置いておくとか。

岩下 やはりソフト・ターゲット対策の一丁目一番地はカメラだと思っています。それは発生時の犯人検挙にも十分活用できます。やったら捕まるということが分かれば抑止にもなります。

吉川 ロシアの警察等は歩き方や表情をカメラで見ただけで、こいつはテロリストという事前情報がなくても、その人の緊張の仕方等が分かって、こいつテロをやろうとしているのではないか——などが分かるカメラもあると聞きましたが。

岩下 それは色々な日本の企業も研究をしています。

吉川 それは競技場を守るためにも、ソフト・ターゲット対策のためにも、これから2年半の間に増やした方がいいと思います。どれだけ出来そうでしょうか。

岩下 もちろん国が買って設置すれば皆さん喜んでつけるのでしょうが…。おそらく各企業等は更新の時期に性能の高いものに変えるのでは。

吉川 あとは自治体。

岩下 東京都が各所に一杯つけています。そういった例も踏まえて好事例を私共が紹介し、有効性をアピールし、高性能のものを付けて頂くように働きかけることに尽きると思います。

13 水際対策と国際的情報共有の問題

吉川 次にテロ容疑者の来日に関する法務省や外務省との情報共有について。

岩下 一番大事なのは出入国の法務省の部分です。そこに情報を集めて、水際でストップさせるのが一番です。ブラック・リストを顔写真も含めてたくさん集め、そこにヒットしたものについては、慎重に審査をします。

吉川 そういう顔写真等は、やはり外務省の国際テロ情報収集ユニットに来るのですか。あるいは内閣情報調査室に来るのですか。

岩下 一番活躍しているのは国際テロ情報収集ユニットだと思います。その他の外務省の部署も行っているかもしれませんし、警察庁も公安調査庁も…。

吉川 独自にやっているのですね。私の『日本はテロを阻止できるか？』にも書いたのですが、どうも米国が内閣情報調査室を信用していないようです。本来なら米国のテロ関係の情報等は、一旦米国内で国家情報長官事務所に集約されて、それが内閣情報調査室に来るべきものの筈です。しかし内閣情報調査室は、やはり縦割り組織から集まっている人が多い組織ですから、どうも米国も信用していないようなのです。それで国家情報長官事務所を経て内閣情報調査室に一旦は来るべき情報を、米国のテロ対策関係省庁も、日本側のカウンター・パートナーと直接やり取りしているような印象を、ワシントンDCにいた時に私は受けているのですが。

内閣情報調査室がある庁舎

岩下　各機関とも法執行機関同士のつながりとか、あるいは公安調査庁のように法執行の権限を持たない情報機関同士のつながりがあります。それぞれカウンター・パートナーが対応すればいいのかなと思います。

吉川　私が繰り返し問題にしている内閣情報調査室も含む縦割りの問題も、東京2020大会に向けて解消されているのでしょうか。

岩下　外務省の国際テロ情報収集ユニットには、各省の人間が行っています。ユニットも要を握っているのが内閣情報調査室です。そこは徐々に着実に力をつけていると思います。

外務省の国際テロ情報収集ユニットは鳴り物入りで決まり、外務省に軒先は置いていますが、内閣情報調査室主導で始まり、その後拡充も進

米国のテロ対策関連組織

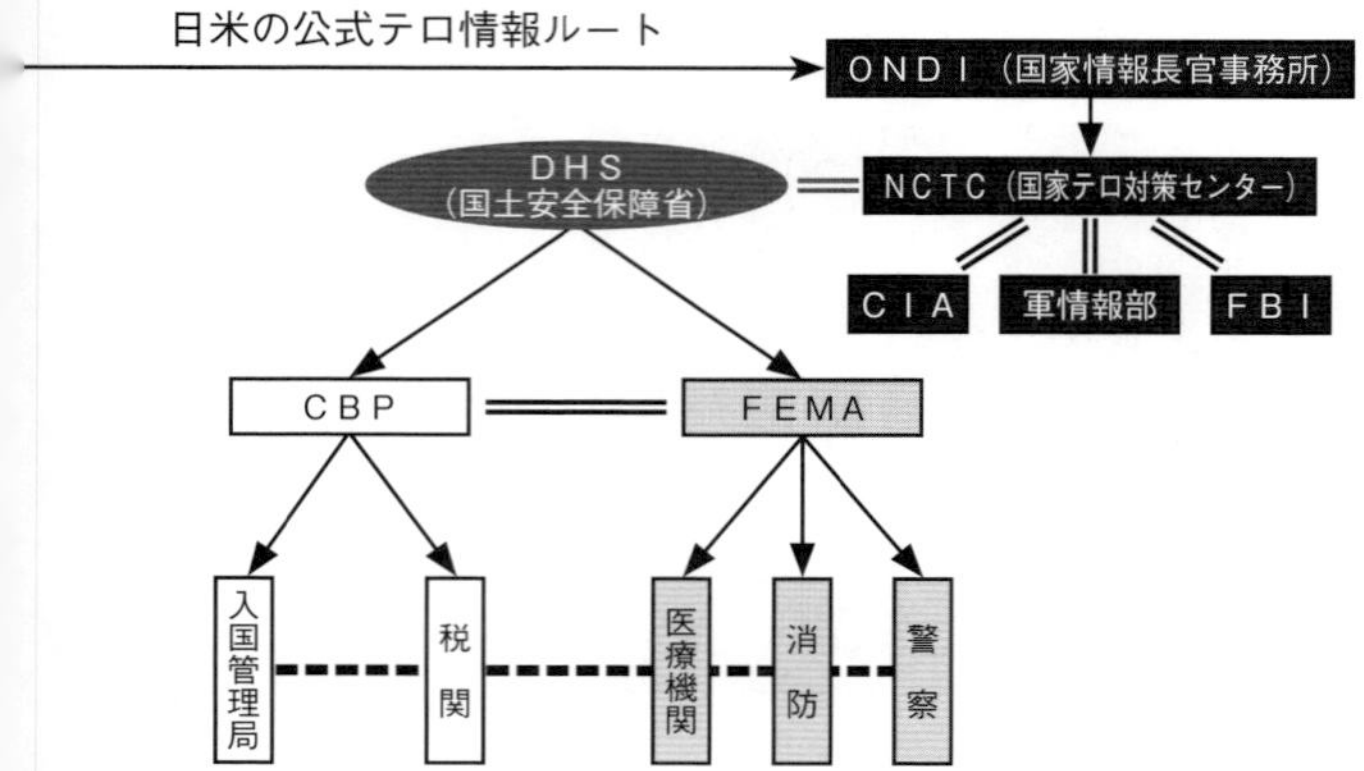

んでいます。良い成果が出ていると聞いてもいます。

吉川 しかし法務省も警察庁も、独自に情報収集をしている。

岩下 そうです。

吉川 それが入国管理局にも集まるようになっていますか。

岩下 PNR（パッセンジャー・ネーム・レコード：旅程の予約記録）を、事前に受け入れられる制度の運用も高度化も進んでいると聞いています。

吉川 私の『日本はテロを阻止できるか？』で問題にしている入国管理局と税関との情報共有は。

岩下 PNRについては、入国管理局も税関も、

日本のテロ対策関連組織

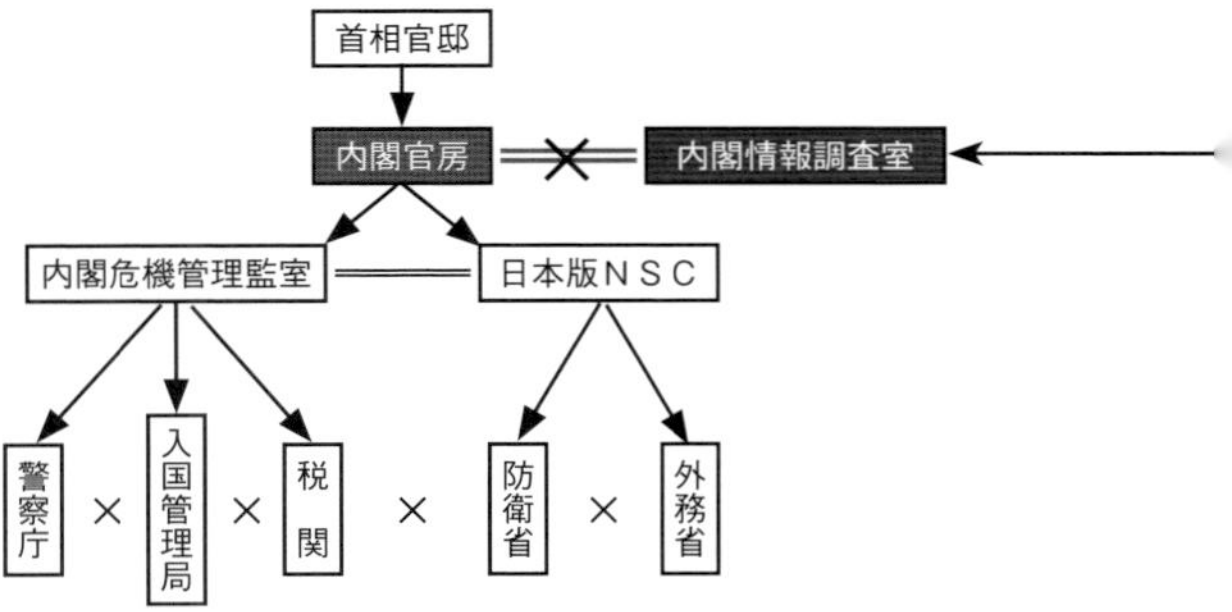

それぞれ取得しています。不都合は生じていません。水際対策を検討する時には必ず入国管理局と税関で集まってもらっています。

吉川 そうすると米国のCBP（米国税関・国境警備局）みたいなものはないけれども…。

岩下 それに近い運用は出来ていると思います。危機管理・事態対処室にも、入国管理局からも税関からも人が来ています。

14 国の総合指令室の問題

吉川 東京2020大会の間だけでも皆さんが一か所に集まって、カメラの映像等を見られるようなものは、各競技場ごとには作られるということで、都庁にも何とか作りたいようですが、国はいかがでしょうか。

岩下 メイン・オペレーション・センターを大会組織委員会が作ります。これはIOCの方々にも見てもらわなければいけないので、各競技場の絵が映ると聞いています。一方、ラスト・マイルは、どこが主たる担当になるか決まっていませんが、少なくとも警察が交通の要所には、カメラを持って行ったりします。

ヘリ等からも、飛行制限とかの兼ね合いもあるでしょうが、消防や警察、海上保安庁からの映像も来ます。大会組織委員会が、たくさん設置している競技場のカメラもありますし、政府は政府で、自治体は自治体で、皆がカメラ等は持っています。その映像を交換すれば、どこの指令室でも同じ絵が見られます。

吉川 国にも作るのですか。

岩下 国にはセキュリティ調整センターが官邸のどこかに置きまして、おそらく一番映像が集まるのは、警察庁の総合対策本部ではないかと思います。そこで見られる映像を全て見られるようにすれば、大会組織委員会と同じ映像を共有できます。

吉川 ただ例えば、大会組織委員会であれば、テロが起きた時には、お客様の避難誘導が出来る場所をカメラで見るのが先決だ。それに対して警察や内閣官房であれば、犯人を追っかけるカメラの映像を見るのが先決だ。そういう役割分担はあると思うのですが。

岩下 警察は犯人逮捕をしっかりやらなければいけません。ただし、その犯人逮捕の指揮を内閣官房がするわけではあり

東京消防庁の消防ヘリコプター

ません。
吉川　避難のために必要な映像も、犯人逮捕のために必要な映像も、両方とも官房としては必要である、と。
岩下　そうですね。東京２０２０大会が本当に継続できるか――という判断をしなければならないので、様々な映像が必要となります。
吉川　それも内閣官房なのですね。
岩下　基本的には、そうです。
吉川　オリンピック担当大臣がいらっしゃいますが、そういう方ではない。
岩下　最終的な決定権限は、やはり総理だと思います。ＩＯＣの動かしている大会ですし、日本の競技も大会組織委員会が動かしておりますが、本当に継続していいのかというのは、やはり政府の判断が重いと思います。継続するかしないかに必要な映像というのは、それは犯人逮捕も、避難がどうなったのか、後続攻撃はあるのか――ということについて、必要な映像は全部見なければなりません。
吉川　すると首相官邸に、そういう指令室的なものが置かれる。それは東京２０２０大会の間だけなのでしょうか。

岩下 セキュリティ調整センターということだと考えております。まだ設計中で、現状の発表事項では大会期間中と書いてありますが、もしかすると聖火リレー等の関係で、それより早く始まるかなとは思います。

吉川 それこそ東京2020大会のレガシーとして、これだけテロの増える世界になるわけですから、永続的に残して頂きたいと思うのですが。

岩下 緊急に立ち上がる体制はすでに私共、日常的に訓練をし、関係省庁を巻き込んで行っています。東京2020大会の期間中は、もっと早く立ち上がるために職員を呼んで置きます。サミットでも呼んで置いたのですが、サミットが終わったら、その体制も取り止めになりました。同じような形になるかと思います。1年365日、ずっと各省庁のリエゾンが官邸にいるのは、もし実現すれば非常に良いのですが、これから議論があるかと思います。

15 ネット上のテロ対策の問題

吉川 最後の質問です。テロを起こそうとする人は最近はネットで、例えばＩＳ（イスラム国）の活動を見て、格好いいと思って実行した。爆弾の作り方等も、ネットで調べて実行した。だからネットの検索履歴等、所謂ビッグ・データ――どのような本や物を買ったなどが分かっていれば、かなりテロを事前に防止できます。米国等でも、グーグルの検索履歴や、どういうことをフェイスブックやツイッターで言っているかを、グーグル、フェイスブック、ツイッター、アマゾン等の会社に記録を見せるようにと一生懸命言っています。あちらも民間企業で、これは顧客情報ですからとか、色々とせめぎ合いがあります。これは日本だったら米国よりやり易いのではないでしょうか。これが出来ればテロだけでなく、相模原市の障害者施設事件のような事件を、事前予防できると思うのですが。

岩下　グーグルやアマゾンなど、やはり根っこが日本ではないので、なかなか取り組みが難しいです。しかしご指摘のような、よろしくない検索を重ねている人間というのが、一匹狼テロの適正があることは承知しております。そこでサイバー空間上の情報収集は警察庁、警視庁でも進めていると思います。色々なソフトを導入して、こうしたIT会社等の協力を得られなくても、類似の情報を蓄積できる工夫をしていると思うのです。

吉川　トランプ大統領の入国禁止令というのは、そういうグーグルやフェイスブックのID

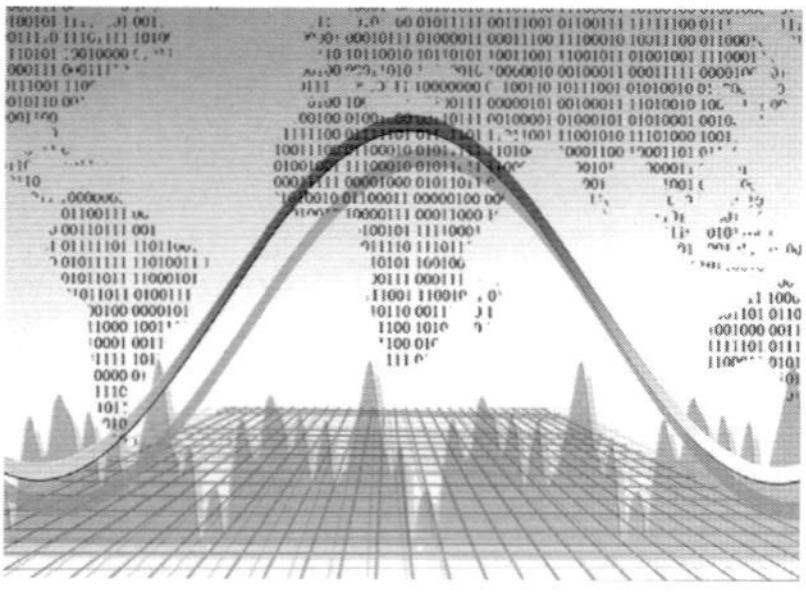

ビッグ・データ

やパスワードを教えてくれるなら入国していいよという面もあります。英国のメイ首相の2017年6月上旬の呼びかけを見ても、そういうのが分からないと米英の政府でさえ、なかなかデータの奥まで入っていかれないようですが。

岩下 色々なソフトを開発し、そういった記録が残るよう工夫を重ねて、おっしゃったことが出来るような環境を作ろうと、努力はしているみたいです。

吉川 それは法的には問題ないのですか。

岩下 要するにネット上で徘徊していて、取っては消え、取っては消えする情報を、消えないようにしておく。自分たちで見ていて、何かおかしいものがあれば、それをキャプチャして取っておけば保管出来ます。

吉川 それでは検索履歴は取れないのでは。

岩下 その集合体を検索履歴のようなものにするということだと思うのです。

吉川 なるほど。あと個人情報保護法が改正された時に、各企業が持っているビッグ・データを、固有名詞が分からない形にすれば、お互い同士の商売として、ただで交換するなり、有料で売るなりしていいよ――ということになったようですが、やはり個人情報保護のために、どの会社が、どういうデータを、どの会社に売りましたか、という記録というのは残す義務がある。更なる法改正をすれば、日本政府が後で何か問題があった時に、見られるようになるかもしれない。これも、うまく応用すれば、同じ効果があると思うのです。

岩下 そうですね。うまく分析をすると、炙りだせるかもしれないですね。

吉川 これは東京2020大会の問題と少し違いますが、私が最も関心を持っている問題です。

岩下 この島国でテロを起こしたりするのは、ＩＳの思想に感化された日本人…。

吉川 それよりも相模原の障害者施設事件みたいな事件と、ＩＳのテロとを違うと考えていいのか。ほぼ同じ時期にフロリダのオーランドで起きた事件も、本当にＩＳと深い接触があったかは確認が取れていないみたいですし。

岩下 そうですね。

吉川 東京2020大会の時にテロを起こす人は、イスラムのテロリストよりも、むしろ相模原市の障害者施設の事件や秋葉原の通り魔事件の犯人のような人が、一番危ない感じがするのです。

岩下 おっしゃるとおりですね。秋葉原の事件は、17人の死傷者が出た。あれは今ヨーロッパで起こっているような事案と…。

吉川 逆に多分ヨーロッパのイスラム系テロリストは、あの事件を手本にしていると思いますよ――ネットで調べたりして。

岩下 そうですね。石を持て、ナイフを持て、車を運転しろと、ISは言っていますからね。

吉川 いずれにしてもネットなどで影響されて、精神不安定でテロを起こしそうな人がいた場合、いきなり逮捕も出来ないでしょうから、例えば自治体から悩み事がある人の相談に乗りますよ――みたいな形でネットを通じてでも接触するとか。それで、その人がカウンセラーの人と話しているうちに落ち着いて、そういう事件を起こさないことになれば、ベスト。カウンセラーの人が様子を見ていて、こいつはテロを起こすなと思ったら、そういう人からの通報があれば、警察も動きやすい。そういうシステムが大事だと思うのです。それは、どうなるのでしょう。色々な法整備も必要ですが。

岩下 今おっしゃった枠組みであれば、それぞれ既存の組織が重要性を認識して連携すれば、現状でも出来るのでは。

吉川 ただテロを起こそうと思ってネットを見ていた人のところに、ある日ちょっと心理カウンセラーが相談に乗ってあげるよ――と言って何かの形で接触してきたら、「そんなことを何故、俺に言ってくるのだ。俺の個人情報を勝手に見ているのか。」ということになるでは。

岩下 そうですね。

吉川　ですから法改正が必要かと思うのです。
岩下　そういう制度を運用するには、安心してできるように法律があることが大事でしょうが、それは事実として何らかの不幸な事件がいくつかないとできないのでは。
吉川　相模原の事件だけでも十分では。犯人のパソコンを調べてみたら、相当ヒトラーの思想とか、短時間に人をたくさん殺す方法など、調べていた履歴が、残っていると思うのですが。
岩下　そういう報道はあまり出てこないのでしたっけ。
吉川　報道されていないですけれども、神奈川県警がパソコンを押収して調べていれば、多分そういうのが残っているのではないかと思います。
（注：このインタビューが行われてから約2週間後に同じ神奈川県の座間市で、大量連続殺人＝死体損壊事件が発覚した。犯人がネットを通じて被害者達を誘き寄せ、ネットで死体解体方法等も学んだことは報道されている。ネット上の犯罪関係の通信や検索履歴を政府機関が監視し、それに対して適切な対応が出来るシステムの構築は急務と思われる。）

ちょうど締め切りの時間になりました。人間にとって締め切りは大事なことで、とにかく東京2020大会までに、今まで出たような色々な問題を、出来るなら全部解決して頂きたいです。本当に一国民として宜しくお願い致します。

岩下　ありがとうございます。しっかりと内閣官房の立場で、関係省庁との連携等を御心配のないように、出来ることは全部やっていきたいと思います。

【インタビューのまとめ】

以上のインタビューから以下のことが読み取れる。

(1) 東京２０２０大会の警備に関係している人々は、かねてから縁の深い人々が多い。そこで役割分担は違っても、その信頼関係により優れた警備を行なって頂けると期待できる。

(2) 東京２０２０大会のテロ対策は、内閣官房が取り仕切っている。本来は内閣府が行うべきだという考え方もあるが、人材や情報共有その他のために、内閣府は防災担当の一部が、内閣官房の枠組みに協力しているのみである。

(3) 内閣官房には幾つものテロ対策関係の〝幹事会〟等がある。それらはものによっては国際的な会議や競技会が終わったら解散し、また同様の会議や競技会があれば立ち上がるものもある。経験の蓄積等を考えると問題もあるが、行革を考えると止むを得ない。

(4) 内閣官房は、東京２０２０大会開催前後には、セキュリティ調整センターという、全ての省庁を調整する部署を設置する予定である。そこに提供する情報を収集するセキュリティ情報センターも、2017年7月から警察庁の中に既に設置された。

(5) 都庁は余りに巨大組織のため、内閣官房といえども、その各個の部門と接点を持つことは、難しい場合もある。だが、そうだからこそ都知事が頻繁に変わる状況でも、東京2020大会の警備計画は、各個的には進んでいる。しかし、それらを総合調整して警備計画の全体像を作ることは、これから都知事を巡る状況が落ち着いた後の、2017年末以降になると思われる。

(6) 競技場の警備は、大会組織委員会が雇った民間警備会社を中心に、警察や消防が協力して行う。しかし、それを円滑に行うための訓練は、各署レベルで既に行われているものの、全体的な訓練は、2018年1月に行われるものが最初である。また大会組織委員会や都庁で、自衛隊関係者が警察、消防等と、別の場所にいることは、NBCRテロ等を考えると、これからの課題である。

(7) 入場チェックには、事前にチケットに指紋か顔写真を、登録してもらえるかが課題になる。それはプライバシー問題だけではなく、チケットの売れ行きを考えても問題が多い。それを克服できるようなセキュリティ重視の状況に、2020年までになっているかが重要である。

(8) 競技場と最寄の交通機関との間の「ラスト・マイル」に関しては、その場所や自治体による違いが大きいため、ケース・バイ・ケースである。そうだからこそ大会組織委員会の雇った民間警備会社、自治体、警察、消防、自衛隊等による訓練を、繰り返し行う必要がある。

(9) ソフト・ターゲットの警備に関しては、各省庁の成功例等を内閣官房中心にシェアすることで、どの省庁も優れた対策が出来るようにする。

(10) 監視カメラに関しては、一部の電鉄会社からライブ画像提供の話はあるものの、ホテルや百貨店に関しては、ライブ映像提供問題は、これからの課題である。

(11) 毒ガスを使ったテロ等に関しては、1995年の地下鉄サリン事件以降、国内でも訓練はしているものの、世界的にも前例が少なく、そのため毒ガス探知センサー等まで使った防護の準備は、現時点で考えられてはいない。

(12) 毒ガス事案も含めた総合的救護体制も、内閣官房の枠組みを各自治体等に下ろして行く形で、確立させる方向で考えられている。また自治体や民間企業が、監視カメラを高性能のものに交換するかも、内閣官房としては助言の形でしか出来ない。

(13) 水際でのテロリスト入国阻止に関しても、米国からさえ縦割りの問題で信用されていなかった内閣官房も、2015年に出来た外務省の国際テロ情報収集ユニットを監督することで、力を付け情報が入るようになって来ている。それでも警察庁その他の省庁は、未だ個別に米国等から情報を取っている。だが入管と税関の情報共有も深化し、米国のCBP（米国税関・国境警備局）のように両者を統合しなくとも、それと類似した効果が出初めてはいる。

(14) 東京2020大会開催中は、IOCの指示もあり、大会組織委員会のメイン・オペレーション・センターに、全ての競技場関係のカメラ映像が集まる。その他に警察、自治体、協力的民間企業からのカメラ映像も、内閣官房のセキュリティ調整センターに集まるようにする予定だ。テロ等があった時に大会を継続するかを首相が判断するためでもある。しかし同センターを、東京2020大会閉会後、テロ対策のために永続できるかは、これからの課題である。

(15) 米英も苦労しているネット上の特に一匹狼（ローン・ウルフ）型テロリスト関係の情報収集に関し日本政府は、米英とは違った技術的方法で対処を始めている。しかし、それで発見できた一匹狼型テロリストや異常犯罪者の取り締まりには、これから法改正が必要になるだろう。

提言

２０２０年東京オリンピック・パラリンピックは、テロ対策のレガシーになるか？

序言　東京２０２０大会のテロ対策

東京２０２０オリンピック・パラリンピック競技大会（以下、東京２０２０大会）のテロ対策準備が、少しづつ進んでいるが、そこには問題もある。しかしテロ対策の後発国である日本にとって、初めての世界標準のテロ対策に取り組む部分もある。その問題点を改善し、優れた部分を生かし、もし可能なら東京２０２０大会以降まで残せるのなら、それは東京２０２０大会の、最高のレガシーになるだろう。その問題に関して、順次考えてみたいと思う。

1　テロ対策技術活用の問題

実は日本は、不思議なテロ先進国なのである。例えば1995年には、オウム真理教が起こした地下鉄サリン事件があった。しかし東京メトロが監視カメラの設置に力を入れ、その映像等を警察と共有する努力を始めたのは、東京2020大会が視野に入って来た比較的最近である。しかもハード・ディスクに画像が残る形式が未だ多く、ライブで見られる監視カメラは、今のところ多くはないのではないか。

米国ワシントンDCの地下鉄では、地下鉄サリン事件と911事件を受けて2004年より、地下鉄内にセンサーを張り巡らせ、どのような毒ガスが散布されても、その種類等が直ぐに分かるようにしている。ニューヨーク市は

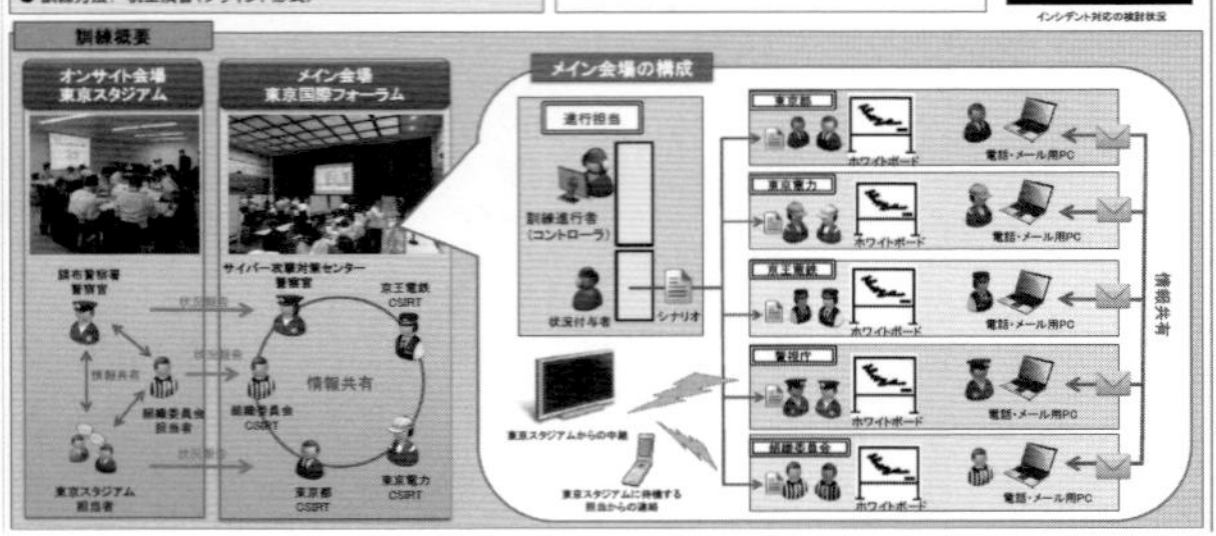

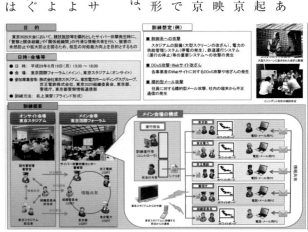

内閣サイバー・セキュリティ・センター重要インフラ専門調査会第11回会合資料2

９１１事件以降、ガス管や電線にセンサーを這わせ、市内の出来事が市の危機管理センターのコンピュータで分かるような仕組みまで作っている。もちろんライブのカメラ映像も見ることができる。

散布された毒ガスの種類を判別するようなセンサーの使用に関しては、東京メトロもその他の組織も、今のところ構想していない。しかし、このようなセンサーを張り巡らすことは、必要不可欠なのだ。それがあれば救助作戦が非常に円滑になる。

日本の民間ガス会社や電力会社は、自らの事故防止のため、ガス管や電線にセンサーを既に這わせている。それらの企業と日本政府や警察は、サイバー攻撃対策のために、既に合同訓練を行っている。ニューヨークと同様のシステムの構築も、不可能ではないのではないか？

ライブの監視カメラも、鉄道会社だけではなく、ホテルや百貨店にも増設してもらい、その映像を必要なら政府や自治体、警察等が共有できるシステムの構築も、急がれるべきだと思う。一部の鉄道会社等では、売店で働く人等にカメラ付きのウェアラブル端末を付けさせることまで、少なくとも構想はしている。そのような端末を付けた警邏員を競技場内に配置することも、東京消防庁等で構想中である。

また東京２０２０大会では、多くの方がボランティアとして協力する予定である。その方々全員に、そのようなウェアラブル端末を付けてもらうくらいのことを、考えても良いのではないか？　それはテロ対策は勿論、通常の窃盗等の予防に関しても、非常に効果的であるに違いない。

因みに足立区を皮切りとして、自治体が防災等の目的で国土交通省の予算で設置したライブの監視カメラの映像を、警察等と共有する協定等も、既に進行中である。それで足立区は、一般犯罪もかなり減ったという。

また日本のハイテク企業は、表情や歩き方を見るだけで、その人の精神状態を察知し、テロリストを事前に見分けられる監視カメラも開発している。その使用も東京２０２０大会の警備を巡っては構想中である。

チケット購入時に指紋か顔写真を登録してもらうことで、顔認証等により、問題ある人物を入場させないことも同様である。これはプライバシー等の問題があるので法改正が必要かもしれない。しかし、例えばコンビニでチケットを受け取れるとしたら、各店舗に顔写真登録用カメラを設置すれば、東京２０２０大会後の大型イベント警備にも使える。まさに東京２０２０大会のレガシーである。

このようにセンサーやカメラ——特にライブで見られる監視カメラの映像は、テロ対策には欠かせないものなのである。

2　組織間協力の問題

テロリストによって散布された毒ガスの種類を、判別できるようなセンサーが、張り巡らされていれば、それは消防の救助活動等を非常に円滑にするだろう。しかし消防と警察は、人命救助と犯人逮捕という別の目的を持った組織である。そのため世界中の国々で、この二つの組織同士の協力には、困難な場合が多い。911事件の時も、この二つの組織の協力関係が不十分であったために、被害が拡大した経緯もある。

東京2020大会の警備に関しても、毒ガスや生物兵器を使ったテロが行われた場合、対処するための検知機材や除染機材等も、かなり違ったものを各組織が別々に持っている。効率的に競技場の近くに配置することも簡単ではない。何れにしても全国のソフト・ターゲットを狙ったテロが起きた時に、円滑に協力できるかは、非常に大きな問題ではないかと思われる。

その最も良い例が「ラスト・マイル」だろう。

東京2020大会の競技場の警備は、東京オリンピック・パラリンピック競技大会組織委員会（以下、大会組織委員会）の雇った民間警備会社が中心で、それに警察が協力する建前になっ

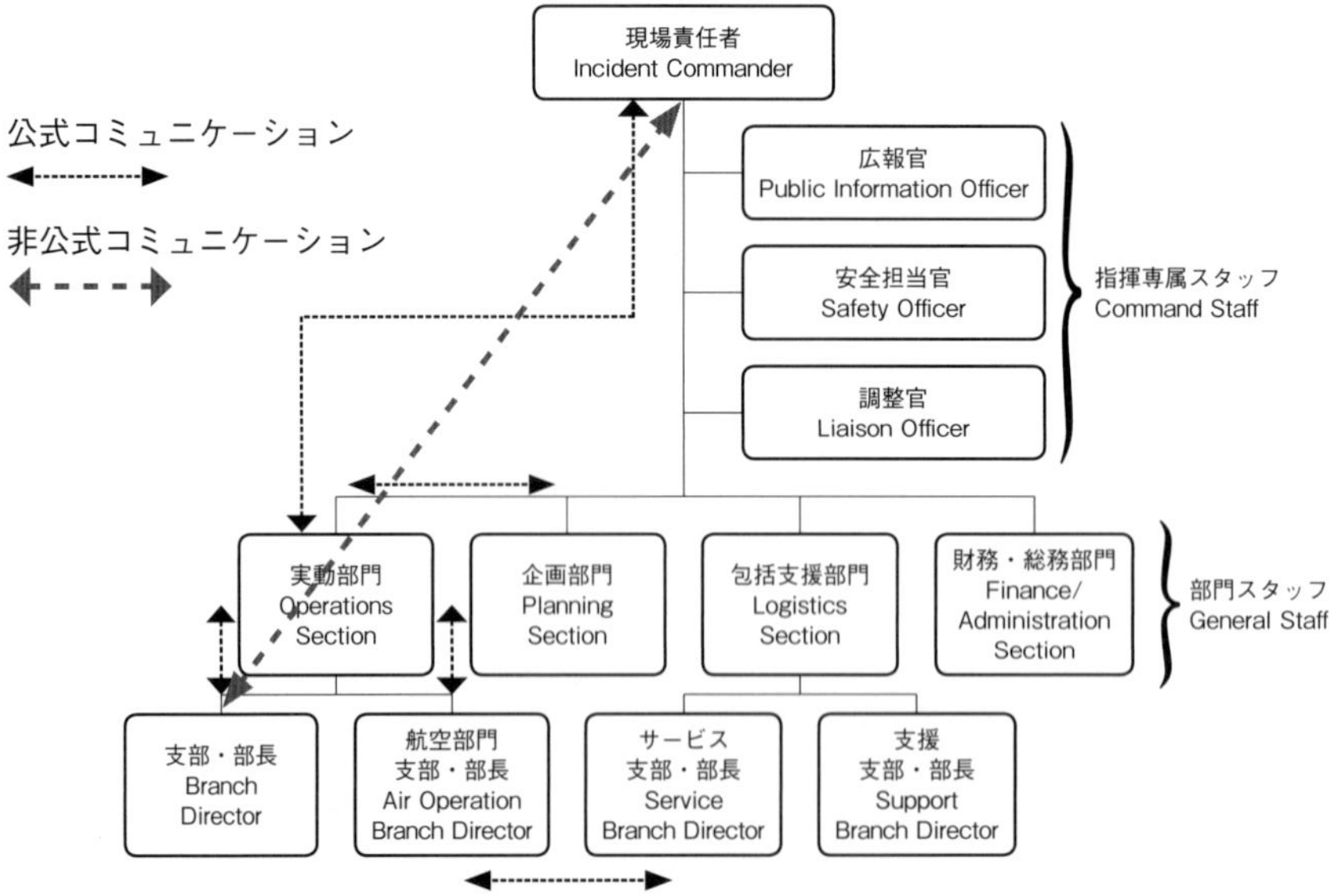
公式コミュニケーション
非公式コミュニケーション
現場責任者
Incident Commander
広報官
Public Information Officer
安全担当官
Safety Officer
調整官
Liaison Officer
指揮専属スタッフ
Command Staff
実動部門
Operations
Section
企画部門
Planning
Section
包括支援部門
Logistics
Section
財務・総務部門
Finance/
Administration
Section
部門スタッフ
General Staff
支部・部長
Branch
Director
航空部門
支部・部長
Air Operation
Branch Director
サービス
支部・部長
Service
Branch Director
支援
支部・部長
Support
Branch Director

ＩＣＳ（Incident Command System の概念図

ている。この両者の協力もうまく行くのか？　更に競技場周辺――特に最寄駅から競技場までの「ラスト・マイル」と呼ばれる道のりに関しては、この民間警備会社と警察が協力して、警備に当たることになる可能性が高い。しかも競技場の場所等によって、かなり違った警備を行わなければならない。この「ラスト・マイル」でテロが起こった時、警備している側と消防との協力関係に、通常より難しい状況が想定される。警備する側に警察だけではなく、民間警備会社が入っているからである。

米国では９１１事件以降、ＩＣＳ（Incident Command System）と呼ばれるものが全国に普及している。これは警察、消防、軍、民間警備会社、自治体等が、組織の枠を一時的にでも壊して協力し合うための、一種のフォーマットである。例えば救助部隊と輸送部隊は、各組織の部門が、組織の枠を一時的に壊し、同じチームとして活動する。

このＩＣＳのような考え方が、縦割り意識の強い日本で出来るだろうか？　例えば自衛隊関係者は、各競技場はおろか都庁の指令室的なところでも、他とは別の場所にいることになるようだ。

米国と同様のＩＣＳを、日本全国に普及させることは、急務なのではないか？

3　総合指令室の問題

しかし、そのような全ての関係者（大会組織委員会、警察、消防、自治体、民間警備会社等）が、一同に会して監視カメラの映像も全て見られるような指令室的なものは、大会組織委員会が各競技場ごとに作り、さらに全ての競技場内の状況を、同じように全ての関係者が集まって見られる場所も、ＩＯＣ（国際オリンピック委員会）の指示もあり、東京２０２０大会でも作ることになっている。

そして、その映像も、さらには各地のソフト・ターゲットを守るために仕掛けられた、前記のような自治体や協力的な民間が運営する監視カメラのライブ映像も、首相官邸に設置される予定の総合指令室的な場所で見られるようにする方針である。東京都も同様である。

これは米国では９１１事件の後、２００４年から全国に張り巡らされたＮＩＭＳ（National Incident Management System）に近い。やっと日本も、東京２０２０大会のお陰で、米国標準に近似できるのである。

しかし問題もある。

まず米国のＮＩＭＳはＩＣＳが全国に普及していることが前提である。それがない日本で、ＮＩＭＳと同様のことが出来るだろうか？

次に米国のＮＩＭＳは、自治体の危機管理センターが中心である。そこで各組織の統合運用が行われ、その各状況が州の政府さらに必要ならホワイトハウスまで伝わる。

今回はオリンピック・パラリンピックなので、競技場中心なのは仕方がないかもしれない。しかし最近のテロが、ソフト・ターゲットを襲うことが多いことや、前述した自治体の定点監視カメラの運用等の問題を考えると、東京２０２０大会開催時も、できるだけ各自治体に危機管理センターのようなものを持つようにしてもらい、もし何かあったら警察、消防等と連携できるようにしてもらわなければいけないのではないか？

最大の問題は、このシステムが、東京

ICSとNIMS

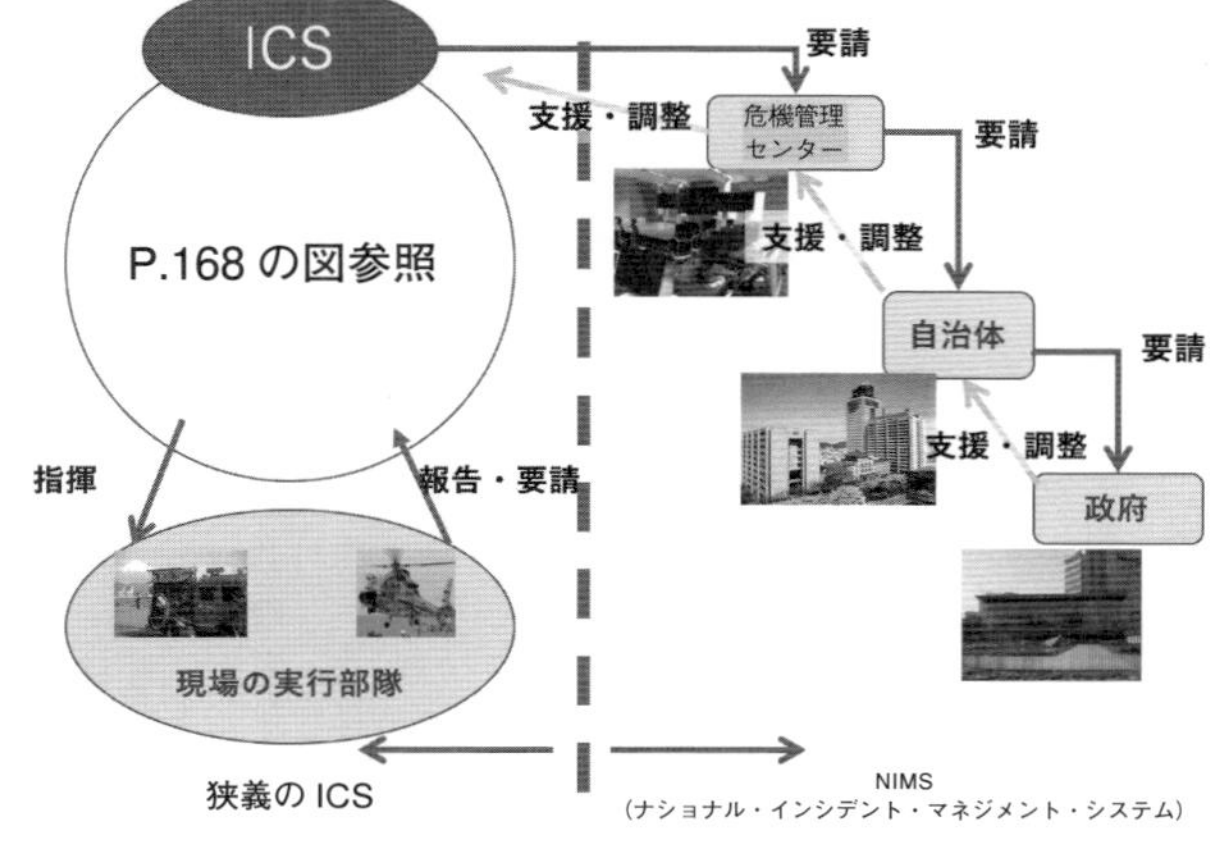

２０２０大会のためだけに、構想されていることである。東京２０２０大会終了後も、首相官邸や都庁に設置された指令室的なものだけでも残し、さらには今回の経験を残し広めて、日本版ＮＩＭＳを確立するべきではないのか？

そこが明確になっていない。しかし、それが出来れば、東京２０２０大会の最大のレガシーの一つになることは間違いないだろう。

4　政府組織の問題

そのような問題の原因の一つが、日本政府の危機管理やテロ対策に関する組織図が、あいまいなことにもあるのではないか？　それは私が、『日本はテロを阻止できるか？』（近代消防社、２０１６年刊）等の中でも主張して来たことである。

日本における危機管理は、主として内閣官房が行っている。それは首相直轄なので必要ではあるだろう。また長年に渡る組織としてのノウハウの蓄積もある。スタッフも優秀だ。

しかし内閣官房は、本来は縦割り組織の連絡所的な存在の筈なのだ。従ってスタッフも、各省庁から数年ほど出向で来ている人のみである。これでは、どうしても本籍の組織の省益や、その組織に独特の思考法から逃れるのは難しい。

そのため米国からの国際テロ情報に関しては、内閣情報調査室に集約されるのが建前であるが、米国も日本の内閣官房を信用せず、米国とのテロ情報のやり取り等は、各関係省庁等が個別に行っている状況だ。２０１５年に外務省に国際テロ情報収集ユニットが設置されてから、それを実質的に監督することで、内閣情報調査室等の国際テロ情報収集に関する信頼度は、上がっているらしい。しかし各関係省庁が（外務省本体まで含めて）個別に国際テロ情報を集めている状況に変わりはない。

これで縦割り組織の利害関係の調整が最も重要な危機管理に対処できるのか？

前述したように、危機発生時には内閣官房中心で危機管理が行われるのは仕方がない。しかし危機管理の最も重要な点は、むしろ平時の事前準備だ。平時から各省庁の利害等を超えて想定外の事態が起きた時の省庁間の調整等をしておく。その原因ないし結果として、図上であれ実演であれ、訓練を繰り返す。必要なら各省庁や自治体の、予算編成や補助金付与等の企画にも、影響を与える。

このような役割は、自然災害に関する限り、内閣府防災担当の役割の筈である。しかし今まで出した幾つかの拙著（例えば『９１１から３１１へ―日本版国土安全保障省設立の提言―』（近代消防社、２０１３年刊）の中でも述べたように、２０００年の省庁再編で縦割りの弊害除去のために作られた内閣府は、軌道に乗っていない。それは軌道に乗らないから人材が集まらない。人材が集まらないから軌道に乗らない——という悪循環に陥っているためである。

そこで東京2020大会警備準備も、内閣官房中心で行われている。今回は仕方ないとして、これからも同じで良いのか?

例えば内閣官房は、2017年7月に、東京2020大会の警備に関する情報センターを、警察庁内に立ち上げた。都庁も同じようなものを立ち上げる筈だったが、それは2017年末以降にずれ込みそうだ。情報センターだけではなく東京都の東京2020大会警備計画は、各部署が個別に進めているものの、都知事が頻繁に変わったために、その総合調整に手間取り、やはり全体像が完成するのは、2017年末以降になると思われる。もし小池百合子都知事が、国政進出のために都知事を辞めていたら、もっと時間が掛かった可能性が高い。

今の内閣官房は、安倍晋三総理の強い指導力があるため、関係省庁の調整等の準備も出来ている側面もあると思う。もし安倍総理退陣後に、また頻繁に首相が変わったり、指導力の弱い人物が首相になったりした場合、日本の危機管理の準備——特にテロ対策は、どうするのか?

やはり内閣府の充実は、不可欠だと思う。そうすれば誰が総理でも同じ事前準備が可能になる。また前著『日本はテロを阻止できるか?』の中でも協調した、米国では企画部門と実施部門を分離することで、実施部門の発想外の問題への対処策の立案を、縦割りの実施部門から独立した企画部門が行っていることも、大いに参考にするべきだと思う。

そこで東京2020大会の警備に関係した人々の本籍省庁を、各省庁から内閣府に異動させ、テロ対策本部のようなものを内閣府に作っては、どうか？　そうすれば内閣府の人材も充実し行革にも逆行しない。それでいて前述の想定外の事態への事前準備も容易になる。

それが実現したら内閣情報調査室も内閣府に移しても良いのではないか？　横からの調整で今度こそ全省庁のテロ情報等を集約・共有できるようになるかもしれない。勿論これも行革には逆行しない。内閣官房から内閣府に移すだけだからである。

テロで被害にあった人々の救助に関しては、自然災害での救助と大きく変わらない。今の内閣府防災担当と合併さ

本籍異動による日本版国土安全保障省の設立

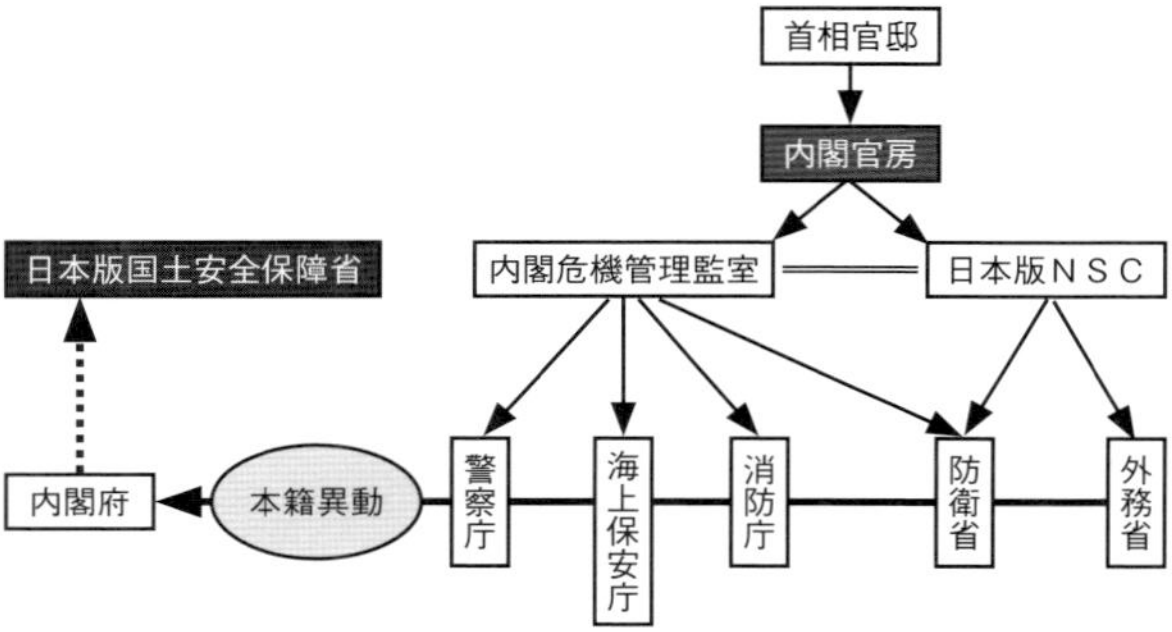

せて総合危機管理本部のような形にするのも、行革に逆行しないことを考えると一つの案だろう。

それは、まさに自然災害対策省庁とテロ対策関係省庁とを合併させて作られた、米国の国土安全保障省の日本版である。東京2020大会のレガシーとして、最高のものになるに違いない。

5 ネット上のテロ対策の問題

ネット上でのテロ対策にも日本政府は力を入れ始めた。

今のテロは、国際組織によるものというより、そのような組織の活動をネットで見て感化された個人が、ネットで手口を学んで起こす――いわゆる一匹狼（ローン・ウルフ）型テロが多い。そこで米英の政府は、ネット上で誰が、どのような検索を行い、どのような発言をしているかを知ることで、テロの事前予防を行うために、グーグルやフェイスブックに、データの提供を求めている。しかし各社とも顧客情報保護を理由に消極的な上、ＩＤやパスワードが分からなければ、データを提供してもらっても、その中にある関係者の、ビッグ・データまでは分からないらしい。そこでトランプ政権の入国禁止政策も〝ＳＮＳ等のＩＤやパスワードを教えれば入国を許す〟という側面もあるのである。

これに関しては日本では、政府機関と民間の関係が良好で、技術も進んでいる。既にネット上のロボット等を使った情報収集で、テロに関係しそうなサイト等の情報も集め、その関係者のビッグ・データ的なものも作ろうとしている。

また個人情報保護法の改正により、各企業は自らの持つ顧客のビッグ・データを、固有名詞が特定されない形にすれば、他社と交換したり売却したりして良いことになった。しかし後日に何かあった時のために、どの企業に、どのデータを渡したかの記録を保全する義務がある。更なる法改正を行えば、政府機関が企業間を移動したデータをチェックすることも可能になるかも知れない。この制度も、テロ関係と思われる人物を、ビッグ・データから探し出すことに、使えるのではないかと思う。

このような日本的官民一体のテロ対策の努力も、東京２０２０大会に向けて加速度を上げて欲しいものである。

結語　「東京2020大会」という〝締め切り〟

人間は〝締め切り〟がなければ何も出来ないような弱い存在である。しかし〝締め切り〟があれば、それに向かって素晴らしいことが出来る優れた生き物でもある。それはテロ対策も同様である。「東京2020大会」という〝締め切り〟に向かって、米国等に比べると遥かに遅れていた日本のテロ対策も、かなり進めることが期待できるように思う。

具体的には、日本的な官民協力によって、センサーや監視カメラを張り巡らせ、テロ等を未然に防ぐための監視システムの確立。警備員や鉄道会社従業員等だけではなく、東京2020大会の時だけでもボランティアの方々にも、カメラ付きウェアラブル端末等を付けて頂く。大型イベントのチケット購入時には、指紋等を登録するシステム等も確立し、それを円滑に運用できるように法改正も行う。

現場での日本的組織縦割りを解消するため、米国のICSを導入する。そのICSの集大成であるNIMSも、東京2020大会で日本で初めて、それに近い現場の映像が一か所で見られて、そこに全ての警備関係者が集まり、それが首相官邸にまで繋がるという近い形のものが出来るのだから、それが米国のNIMSと殆ど同じものにするためにも、ICSの導入と各自治体の危機管理センターを充実させて巻き込むことも重要だろう。

最近のテロは、ネット上で影響を受けた個人が行う、いわゆる一匹狼型テロも多い。その防止には、ネット上での情報収集や、各企業の持つビッグ・データの政府との共有も不可欠だ。それらも日本政府は官民協力を梃子に、部分的には米英以上に進めているようだが、それも促進し、また円滑に機能させるには、やはり法改正も必要だろう。

以上のようなことを「東京２０２０大会」という〝締め切り〟までに実現する。それを東京２０２０大会の後まで永続させる。

また東京２０２０大会後に今回の警備計画を担った各省庁の方々の本籍省庁を内閣府に移して、内閣府にテロ対策本部のようなものを作る。そしてテロ対策に関しては、少なくとも平時の準備や訓練等に関しては、そこにいる専門家が、縦割り省庁を横から調整し、テロ等が起きた時の内閣官房等が中心の対応が、より円滑なものになるようにする。

以上が、まさに東京２０２０大会の、最大のレガシーである。是非とも東京２０２０大会の、後まで残すべきである。

そのためにも官と民あるいは中央政府と自治体等との協力が、必要不可欠だろう。特に日本では米英と違い、官と民の協力が円滑である。ＩＣＳ等による救助作戦への民間企業の協力だけではなく、ビッグ・データの政府との共有や、監視カメラの運用に関しても、民間の協力には大いに期待できる。

最近は多くの車両――タクシー等だけではなく個人の車にも、事故防止等のためにドライブ・レコーダーのカメラが付いている。東京２０２０大会で鉄道会社従業員等やボランティアの方々にもウェアラブル端末を付けてもらうことが出来たとしたら、ウェアラブル端末が腕時計型のような形で普及しつつある現在、多くの日本人が、それを使ってテロ関係の情報等を収集し発信するようになる契機となるかもしれない。

それは国家と国民との間の信頼関係が、世界一優れている日本なら不可能なことではない。そして、それは原因ないし結果として、今まで希薄だった日本人のテロ対策意識を高めることになるだろう。

それこそが東京２０２０大会の最高のレガシーであると言って良いのではないかと思う。

付記：２０１７年12月11日、内閣官房国際組織犯罪等・国際テロ対策推進本部が決定した「２０２０年東京オリンピック競技大会・東京パラリンピック競技大会等を見据えたテロ対策推進要綱」の中で、この私の提言の中で述べられているようなことが再確認され、部分的にでも実施の方向で進められるようであるが、まだ十分ではないと思われる。２年半で実現できるかという問題はあるかもしれないが、競技場のない自治体や民間まで巻き込んだ全国的なＩＣＳやＮＩＭＳの導入あるいは官民一体となったライブ監視カメラ等の大幅な増設やネット上の情報の監視等も十分には視野に入れられていない。
特に最も大きな決定とされる「国際テロ対策等情報共有センター」（仮称）は、11の関係省庁から職員が集まり、テロ関係の情報を共有、分析するものとされているが、やはり内閣官房の、それも既存の「国際テロ情報集約（幹事会）室」内部に置かれることになっている。これでは省庁縦割りの影響を、十分には排除できないのではないか？　この設置案の前段階で「国際テロ情報集約室」および、その下に実質的にある外務省内の「国際テロ情報収集ユニット」の、機能強化も謳われてはいる。

それは逆に見ると既存の両組織が、やはり十分に機能していなかったのではないかという危惧が、関係者間にあるのかも知れない。その表面に出て来ない真の理由は、やはり省庁縦割りの悪影響を、排除し切れなかったことにあるのではないか？

「国際テロ対策等情報共有センター」（仮称）の設置は、2018年夏の予定だそうである。あと2年か2年半では時間的余裕もなく、既存の内閣官房中心のシステムを、活用するしかないだろう。しかし真に省庁縦割りの桎梏から解き放たれ、省庁横断的なテロ対策を実現するには、東京2020大会の後だったとしても、この「国際テロ対策等情報共有センター」（仮称）も含め、いま内閣官房にあるテロ対策の機能や組織を、内閣府に移すべきではないかという私の提言の意味は、変わらないと思う。

詳しくはネット上でも公開されている「2020年東京オリンピック競技大会・東京パラリンピック競技大会等を見据えたテロ対策推進要綱」をご一読いただき、それと私の提言とを比較して頂ければ幸いである。

おわりに――監視社会とは恐怖の社会か？

さて本書を読み通してくださった方々は、本書の〝謎解き〟が出来ただろうか？　東京2020オリンピック・パラリンピック競技大会（以下、東京2020大会）のテロ対策は、順調に進んでいるのだろうか？　多くの日本人に考えて頂ければ幸いである。

しかし人間という弱い生き物は、〝締め切り〟に向かってダッシュすると、意外な良い結果を出せる素晴らしい生き物でもある。これから「東京2020大会」という〝締め切り〟に向かって、日本人が日本独特の官民協力で猛然とダッシュすれば、今まで十分とは言えなかったテロ対策の方面でも、欧米を追い越す素晴らしいシステムを確立できるのではないか。

それは「恐怖の監視社会になるのではないか？」と考える方々がいるかも知れない。前著『日本はテロを阻止できるか？』（近代消防社、2016年刊）に関しても、同様かも知れない。そこで私は前著の「おわりに」の一部で、次のようなことを書いている。それを、そのまま引用する。

「〝監視社会とは恐怖の社会である〟という考え方自体が、この宇宙や人間を創造し動かしている超存在が、人間の外側にあるという聖書文明的な発想から来ているように思われる。この考え方からすると人間同士による〝監視〟とは、超越者と人間との関係を断ち切って人間精神を破壊する恐ろしいものということになる。

〝監視社会とは恐怖の社会である〟という考えを象徴する文学作品であるジョージ・オーウエルの『1984』で、主人公が最後に辿り着く心境だろう。この宇宙や人間を創造し動かす超存在が、人間の外側にあるという発想をしていると、人間相互の監視から絶対的に逃れられない状況は、各人が超越者との精神的結び付きを絶たれ精神を破綻させるものでしかない。

私には『1984』のラストで主人公が到達する精神的破綻の境地が、三島由紀夫の最後の超大作『豊饒の海』のラストで副主人公が到達する境地に、どこか似て見える。この宇宙や人間を動かしている原理は、仏教では本来は人間の心の深淵にあるものである。〝輪廻転生〟とは、この深淵にある原理の永遠性を意味するのであって、単純な〝生まれ変わり〟を意味するのではない。単純な〝生まれ変わり〟の思想は、この宇宙や人間を動かしている原理は、人間の心の外側にあるという聖書文明にも近い間違った仏教の理解だと思う。他者の肉体を借りて他者（人間の心の外側の存在）として、誰かが死後に再生するという思想なのだから…。

この間違った仏教理解に陥ったために副主人公は、自分が友人の生まれ変わりであると信じた少年の存在を否定されることで、精神的に破綻する。ここで〝この宇宙や人間を動かしている原理は、人間の心の深淵にある〟という仏教本来の思想に回帰出来れば、副主人公は精神的に再生できる。あのラストは、そのような〝救い〟の余地が残されている。

この副主人公の精神的混乱は、聖書的な欧米文明を受け入れてしまった明治時代以降の日本人の、心の迷いそのものなのかもしれない。例えば生まれ変わりの友人の存在といった、他者との関係性さらには人間相互の監視を恐怖する心理は、聖書的な〝この宇宙や人間を動かす超存在は、人間の心の外側にある〟という発想から来るものであることは、繰り返し述べた。超存在と各人との精神的関係を断ち切り、人間精神を破壊するからである。

しかし〝この宇宙や人間を動かす原理は、人間の心の深淵にある〟という仏教本来の思想や、あるいは日本古来の自然との調和の思想の立場に立つ時、他者による監視は、決して人間精神を破壊するものではない。なぜなら人間は常に宇宙や人間を動かす超存在と、繋がっているからである。人間相互の監視等で、それが断ち切られることはない。

この日本文明的な考え方が見直され理解されれば、日本だけではなく全世界的に、監視社会は恐怖の社会とは思われなくなるのではないだろうか？　それどころか他者からの監視は、各人が自らの心の深淵にある真理を見つめ直すための、良い意味の圧力になるものという、肯定的な考え方さえ出来るようになるかもしれない。そうすればテロ等の予防もし易くなる。テロ行為だけではない。他者との関係性を重視する考え方から解放されれば、〝格差〟等も重大な問題とは認識されなくなるのではないか？　テロも減っていくのではないか？

われわれ日本人は、自らの文明の本質を理解して、それを全世界に誇示して行くべきだろう。それが出来れば21世紀がテロの時代にならなくなるかもしれない。われわれ日本人の歴史的使命として自覚して行かなければいけないと思う。」

このような思索に私を誘ってくださったのは、人生最大の恩師で、三島由紀夫、石原慎太郎といった人々の親友だった、故村松剛筑波大学名誉教授であった。先生を慕って私は筑波大学大学院に進学し、先生の御定年等の問題もあり、実質的に最後の弟子の一人となった。先生は最後の授業の一つで、20年間の沈黙を破り、詳細な三島由紀夫論を講義してくださった。

日本一の文学評論家だった先生は、三島、石原といった方々と共に、人生の半ばから政治に強い関心を持ち、日本一の国際政治評論家でもあられた。特に中東情勢に関しては、本当に日本で最も詳しい人物だったと言って過言ではないだろう。

そのため例えば『国際テロの時代』（高木書房、１９７８年刊）のような御業績もある。他の方々との対談集であるが、もちろん中でミュンヘン・オリンピックでのテロに関しても言及されている。

そういう意味で本書は、村松剛先生の御業績の拙い後継研究である。前著でも申し上げたように、私は若き日から健康その他に問題があり、村松先生を含む何人かの恩人の御葬儀にも出られなかった。その贖罪に、本書が少しでもなれば幸いと思う。

とても本書だけでは贖罪と御恩返しに十分とは思っていない。これからも私は、テロ問題等に関して、生命力の続く限り、情報発信して行きたいと思う。村松先生と同様に…。

本書は謹んで村松剛先生に捧げるものとしたいと思う。

《著者紹介》
吉川　圭一（よしかわ　けいいち）
亜細亜大学国際関係学科を経て筑波大学大学院で経済学修士を取得。参議院議員公設秘書、国際問題評論家ペマ・ギャルポ氏事務所特別秘書等を経て2002年独立。GLOBAL ISSUES INSTITUTE 代表取締役。2011年４月から2016年末まで一般社団法人日本安全保障・危機管理学会（ＪＳＳＣ）ワシントン事務所長兼任。講演歴多数。
〔著書〕『日本はテロを阻止できるか？』（近代消防社、2016年刊）、『３１１以降――日米は防災で協力できるか？』（近代消防社、2015年刊）、『９１１から３１１へ―日本版国土安全保障省設立の提言―』（近代消防社、2013年刊）、『楯の論理』（展転社、2002年刊）
〔連絡先〕ＵＲＬ　http://www.g-i-i.net/

KSS 近代消防新書
014

2020年東京オリンピック・パラリンピックはテロ対策のレガシーになるか？

著　者　吉川《よしかわ》　圭一《けいいち》
2018年2月3日　発行
発行所　近代消防社
発行者　三井　栄志
〒105-0001　東京都港区虎ノ門2丁目9番16号
（日本消防会館内）
読者係（03）3593-1401㈹
http://www.ff-inc.co.jp

乱丁・落丁本は、ご面倒ですが
小社宛お送りください。
送料小社負担にてお取替えいたします。
ISBN978-4-421-00907-1　C0236
価格はカバーに表示してあります。

911から311へ
ー日本版国土安全保障省設立の提言ー

■吉川　圭一 著　四六判／280 ページ
定価 1,700 円＋税

米国の国土安全保障省（ＤＨＳ）や連邦緊急事態管理庁（ＦＥＭＡ）の関係者、アーミテージ氏やカート・キャンベル氏、トモダチ作戦最高司令官そして日本の内閣官房、内閣府、消防庁、東京都、被災地その他の自治体等、多くの救助作戦担当者や今後の危機管理体制再建関係者の膨大な証言に基づく、東日本大震災を教訓とした政策提言書にして歴史的資料の決定版！

311 以降——
日米は防災で協力できるか？

■吉川　圭一 著　新書判／148 ページ
定価 800 円＋税

『９１１から３１１へ—日本版国土安全保障省設立の提言—』（近代消防社）の出版から約２年。その後の日米双方における調査に基づいて前著の中心テーマの一つでもあった日米防災協力に関して、３１１以降の進展を踏まえつつ、これからの日米防災協力と日本の危機管理体制の在るべき姿に関し、新たに世に問う。

日本はテロを阻止できるか？

■吉川　圭一 著　新書判／240 ページ
定価 1,100 円＋税

日本も国内でのテロ発生阻止のために、今まで以上に力を入れなければならなくなっている。そこで膨大な公開・非公開の情報や日米双方のＮＳＣ等への取材成果も踏まえ、特に米国と日本のテロ対策の違いに関して解説し、さらに東京マラソンや伊勢・志摩サミットの警備への取材成果も加味し、東京２０２０オリンピック・パラリンピック競技大会を展望した、これからの改善策の提言書。